Kreatives und künstlerisches Gestalten in Freizeit und Beruf –
dafür steht der Name CHRISTOPHORUS seit mehr als 30 Jahren.
Jedes CHRISTOPHORUS-BUCH ist mit viel Sorgfalt erarbeitet:
Damit Sie Spaß und Erfolg beim Gestalten haben –
und Freude an unverwechselbaren Ergebnissen.

Kunterbunte Bastelkiste

Ideen für kleine Hände

Erika Bock, Laura Blücher,
Ernestine Fittkau,
Sybille Rogaczewski-Nogai,
Halyna Salo, Ingrid Wurst

CHRISTOPHORUS

Inhalt

Aufheben lohnt sich!

Aus nahezu allen Verpackungen, die im Haushalt vorkommen und üblicherweise im Müllbeutel landen, lassen sich tolle Ideen verwirklichen: Aus Dosen, Papprollen, Partytellern, Jogurtbechern, Stoffresten, Zeitungspapier und vielem mehr können Kinder tolle Sachen basteln. Das macht Spaß und kostet wenig.

Machen Sie einen großen Pappkarton zur kunterbunten Bastelkiste und sammeln Sie darin die gesäuberten Verpackungsmaterialien usw. Das zusammengetragene Material regt mit seinen vielfältigen Formen, Farben und Strukturen die Fantasie an und die kreativen Ideen werden nur so sprudeln. Lassen Sie und Ihre Kinder sich von unseren Vorschlägen inspirieren, sicher werden Sie bald ohne Zögern die Dinge nach Herzenslust gestalten. Bestimmt fallen Ihnen noch viele weitere lustige Ideen aus Recyclingmaterial ein, denn wer einmal angefangen hat, mit Bechern, Papptellern & Co. zu basteln, der sieht die Dinge, die sonst in den gelben Sack oder in die entsprechende Tonne wandern, plötzlich mit anderen Augen.

Die meisten Motive in diesem Buch sind nicht nur Dekoration. So lässt sich mit den Schiffchen und den Becher-Clowns wunderbar spielen. Pappbecher verwandeln sich mit Farbe und Tonkarton sowohl in ein witziges Nilpferd, das Zeitschriften aufbewahrt, als auch in eine lustige Klangspiel-Maus. Pappröhren, leere Konservendosen und Tortenuntersetzer ergeben originelle Rasseln, Trommeln und Tamburins. Und wer den Löwen an seine Zimmertür hängt, kann seine Stimmung eindeutig zum Ausdruck bringen.

Alle Modelle eignen sich ganz besonders für einen gemeinsamen Nachmittag mit Kindern oder auch für eine Aktion am Kindergeburtstag. Denken Sie bitte daran: Kinder haben viel Fantasie. Lassen Sie sie ausprobieren, die Vorlagen verändern oder frei basteln mit der Abbildung als Anregung. Dann macht alles noch mal so viel Freude!

Viel Spaß beim Sammeln und Basteln
wünschen Ihnen

Laura Blüher
Erika Bock
Ernestine Fittkau
Ingrid Wurst
Sybille Rogaczewski-Nogai
Halyna Salo

Hinweise & Tipps

Recyclingmaterial

Trinkbecher aus Pappe oder Styropor®, Quark- und Jogurtbecher, Pappteller, Papprollen, Konservendosen, Zeitungspapier, CDs und vieles mehr. Bitte unbedingt alle Materialien, die mit Lebensmitteln in Berührung gekommen sind, gründlich mit Spülmittel und warmem Wasser reinigen.

Farben

Deckfarben im Farbkasten haften auf saugenden Untergründen wie Papier, Pappe, Karton, Salzteig, Gewebe. Sie werden mit Wasser angelöst und mit einem Pinsel aufgetragen.
Fingermalfarben sind cremeartige Farben zum Malen mit Fingern oder Pinsel auf Papier, Folie oder Fensterscheiben. Verwenden Sie Farben, die der europäischen DIN EN 71 entsprechen, ihre Inhaltsstoffe sind auf Eignung und Unbedenklichkeit hin untersucht.
Acrylfarben auf Wasserbasis eignen sich für viele Untergründe wie Holz, Papier, Leder, Stein, Metall, Glas, Ton, Keramik, Kunststoff und Styropor®. Sie werden mit einem Pinsel aufgetragen.
Universell einsetzbar sind auch kaseinhaltige *Plakatfarben auf Wasserbasis*. Sie lassen sich leicht vermalen und gleichmäßig auftragen, trocknen samtartig matt und schnell auf und besitzen eine hohe Deckkraft. Die Farben sind ideal für Papier, Pappe, Styropor® und viele andere Untergründe.

Pinsel

Zum Bemalen größerer Flächen einen Borstenpinsel verwenden, zum Malen feiner Linien eher einen Haarpinsel. Alle Pinsel nach Gebrauch auswaschen und niemals im Wasserglas stehen lassen.

Klebstoff

Sehr gut geeignet sind z. B. der UHU Bastelkleber, der Klebestift UHU stic und die Niedertemperatur-Klebepistole UHU pistole LT 110, die mit einer geringeren Temperatur als eine übliche Heißklebepistole arbeitet und unter Aufsicht auch von Kindern verwendet werden kann.

Werkzeuge & Hilfsmittel

(sind auf den folgenden Seiten nicht extra aufgeführt)

- Transparentpapier und Karton für Schablonen,
- Bleistift, Radiergummi, Filzstifte in Rot, Schwarz, Lack- oder Gelstift in Weiß, Buntstift in Rot,
- Lineal, Zirkel,
- Bastelschere (Kinder), Silhouettenschere oder Cutter mit Unterlage (Erwachsene),
- Klebstoff, Wäscheklammern zum Fixieren,
- Bürolocher, Lochzange, Prickelnadel, Stopfnadel,
- Pinsel, Schwämmchen, Schaschlikspieß, Wattestäbchen.

Vorlagen übertragen

Die Umrisse des ausgewählten Motivs auf Transparentpapier pausen, die Zeichnung mit einem Klebestift auf Karton kleben und ausschneiden. Diese Schablone auf das Werkmaterial legen und ihre Umrisse mit Blei- oder Filzstift nachzeichnen.

Schneiden

Beim Schneiden das Werkstück in der Hand drehen. Bleistiftlinien wegschneiden oder später mit einem sauberen, weichen Radiergummi entfernen.

Kleben

Den Klebstoff immer sehr sparsam und etwas vom Rand entfernt auftragen, damit beim Zusammenpressen der Teile nichts hervorquillt. Passiert das doch, lässt sich überschüssiger Klebstoff mit einem sauberen, weichen Radiergummi entfernen, solange er noch feucht ist.
Für das Aufeinanderkleben von glatten Papierteilen und für das Verkleben von transparenten Papieren am besten einen Klebestift verwenden.
Beim Arbeiten mit der Niedertemperatur-Klebepistole den Klebstoff auf eines der zu verklebenden Materialien auftragen und die Teile sofort zusammenfügen.

Bemalen

Neben dem Farbauftrag mit Borsten- und Haarpinseln kann die Bastelfarbe mit einem kleinen Schwämmchen aufgetragen werden. Dadurch erhält die bemalte Oberfläche eine schöne Struktur.
Punkte mit einem Wattestäbchen aufdrucken oder mit der stumpfen Seite bzw. mit der Spitze eines Schaschlikstäbchens auftragen.

Gesichter gestalten

Die Augen der Figuren wirken lebendiger, wenn sie Glanzpunkte haben. Diese Lichtpunkte mit einem Lack- oder Gelstift in Weiß aufsetzen oder weiße Bastelfarbe mit einem Schaschlikstäbchen auftupfen.
Die Wangen mit einem Buntstift färben. Dazu mit der Schere oder einem Messer etwas Farbe von der Stiftspitze schaben, mit dem angefeuchteten Zeigefinger oder einem Wattestäbchen aufnehmen und auf die Wangen reiben.

Lustige Tiere

Gute-Laune-Löwe

Material

- 2 Pappteller, 18,5 cm Ø
- Bastelfarbe in Weiß, Mittelgelb, Hellbraun
- Tonkarton in Weiß, Grün, Orange, Rot
- Sisalgras in Grün
- 2 Markierungspunkte in Schwarz, 18 mm Ø
- Nylonfaden
- Filzstift in Dunkelgrün

Vorlage 1
Seite 80

1 Beide Pappteller an den Innenseiten aufeinanderkleben. Jeweils den Tellerrand in Braun, den Tellerboden in Gelb bemalen.

2 Markierungspunkte als Augen fixieren und die aus Tonkarton geschnittene Nase aufkleben. Für die Lichtpunkte Bastelfarbe mit der stumpfen Seite eines Schaschlikstäbchens auftupfen. Den lachenden Mund mit Filzstift aufmalen. Die Gesichtsrückseite erhält einen nach unten gezogenen Mund.

3 Mit einem Zirkel zwei Kreise von 18 cm Durchmesser auf grünen Tonkarton zeichnen, ausschneiden und in der Mitte falten. Die Enden beider Kreise ineinander stecken und die Rundungen festkleben. Den Löwenkopf darin befestigen. Ohren und Pfoten aus weißem Tonkarton doppelt ausschneiden und gelb bemalen. Innenohren und Krallen mit Filzstift aufzeichnen. Die Ohren leicht über den Zeigefinger streifen und aufkleben.

4 Auf beiden Seiten des Türschilds etwas Sisalgras und eine Blüte ankleben. Den Löwen zwischen Zeigefinger und Daumen ausbalancieren, mit einer Prickelnadel ein Loch stechen und den Aufhängefaden durchziehen. Blätter ausschneiden, mit grünem Filzstift die Blattmitte aufmalen und die Blätter auf den Aufhängefaden fädeln. *Tipp:* Die Blätter mit ablösbaren Klebepads an der Tür befestigen.

Marienkäfer

Material

- Papprolle, z. B. von Toilettenpapier
- Bastelfarbe in Schwarz
- Tonkarton in Schwarz, Hautfarbe, Weiß, Rot, Grün
- Prägekarton „Milano“ in Weiß
- Tierfell-Fotokarton „Marienkäfer“
- Tonkarton in Gelb, Grün mit weißen Pünktchen
- Nylonfaden, ca. 50 cm lang
- 2 Knöpfe in Rot, 12 mm Ø
- Blumen-Stieldraht in Blau, 0,4 mm Ø, je 7 cm lang
- 2 Wattekugeln, 10 mm Ø

Vorlage 2
Seite 81

1 Den oberen Rand der Papprolle leicht zusammendrücken, innen etwas Klebstoff auftragen und mit einer Wäscheklammer zusammenhalten, bis der Klebstoff trocken ist. Beide Ecken schräg abschneiden und die Rolle schwarz bemalen. Die Arme an der Rolleninnenseite befestigen.

2 Auf der Vorderseite den Kragen und das bemalte Köpfchen fixieren, die Flügel auf der Rückseite anbringen. Den Blütenstiel auf den Käferbauch zwischen die beiden Knöpfe und hinter die Hände kleben.

3 Mit Filzstift rote Streifen auf die Beine malen und beide Schuhe von hinten anbringen. Die Beine über Kreuz legen und an der Innenseite des Körpers fixieren.

4 Den Draht für die Fühler über ein Schaschlikstäbchen wickeln, auf die Kopfrückseite kleben und bemalte Wattekugeln aufstecken.

5 Den Aufhängefaden einziehen und abwechselnd durch die vorgestochenen Löcher von Blüten und Blättern fädeln.

Tipps

- *Anstelle der gemusterten Bastelkartons unifarbenen Tonkarton verwenden und die Muster mit Filzstift bzw. Gelstift aufmalen.*
- *Der Marienkäfer kann auch als Kantenhocker dienen.*

Bunte Fische

Material

Großer Fisch

- 2 Pappteller, 18,5 cm Ø
- Tonkarton in Blau, Gelb, Weiß
- Markierungspunkte:
  - 2x in Schwarz, 18 mm Ø
  - 42x in Gelb, 12 mm Ø
  - 12x in Grün, 8 mm Ø
  - 10x in Rot, 12 mm Ø
- Bastelfarben in Gelb, Mittelblau, Orange, Weiß
- Perlgarn in Weiß, Blau
- Bast in Grün
- Holzperlen in Gelb, 15 mm Ø
- Treibholz, Muscheln, Seeigel, Federn usw.

Windlicht

- Weckglas, ca. 14 cm hoch, 10,5 cm Ø
- Bast in Hellgrün, Hellblau
- Bastelfarben in Grün, Gelb, Orange, Blau
- Sand, Teelicht

Vorlage 3
Seite 82

Großer Fisch

Die Mundöffnung der Vorlage entsprechend aus beiden Tellern ausschneiden, danach die Teller bemalen. Die Flossen und den Schwanz aus Tonkarton schneiden und mit Markierungspunkten verzieren.
Die Flossen auf die Innenseite eines Tellers kleben. Die Augen aus Tonkarton mit einem Markierungspunkt als Pupille außen anbringen. Für die Lichtpunkte Bastelfarbe mit einem Schaschlikstäbchen aufsetzen. Beide Teller an den Innenseiten aufeinanderkleben.
Die Fundstücke aus dem Urlaub und Bastbüschel an die Perlgarnfäden knoten, dazwischen Holzperlen auffädeln. Den Fisch zwischen Daumen und Zeigefinger auspendeln, ein Loch stechen und einen Faden einziehen.

Windlicht

Mit grüner Farbe Wasserpflanzen auf das Weckglas malen: Den Pinsel unten am Rand ansetzen und in Wellen nach oben ziehen. Die Fische zur Übung erst auf ein Blatt Papier und dann auf das Glas malen. Am Mund beginnen, erst die Rückenlinie, dann die Bauchlinie aufmalen. Durch die Überkreuzung beider Linien ergibt sich der Schwanz. Flossen ansetzen und einen Punkt als Auge auftupfen. Bast um den Glashals binden.

Lustige Hunde

Material

Für einen Hund

- 2 Pappteller, 18,5 cm Ø
- Hefter mit Klammern
- 2 Musterbeutelklammern
- 2 Markierungspunkte in Schwarz, 18 mm Ø
- Bastelfarben in Schwarz, Weiß, Pfirsich, Zimt
- Tonkarton in Weiß oder Gelb, Schwarz
- Bast in Natur oder Schwarz

Zusätzlich für den Dalmatiner

- Tierfell-Fotokarton „Kuh"

Vorlage 4
Seite 83

1 Einen Pappteller in der Mitte knicken, Tellerfläche auf Tellerfläche (Teller 1). Daraus entsteht später der Mund. Einen weiteren Pappteller ebenfalls mittig knicken, allerdings Boden auf Boden (Teller 2). Daraus entsteht zur Hälfte der Kopf und zur anderen Hälfte die Schnauze. Die Schnauze von Teller 2 deckungsgleich auf eine Hälfte von Teller 1 legen und ringsum mit zusammenheften. So entsteht auf der Rückseite eine Öffnung (siehe Pfeil), in die man greifen und das Maul auf- und zuklappen kann.

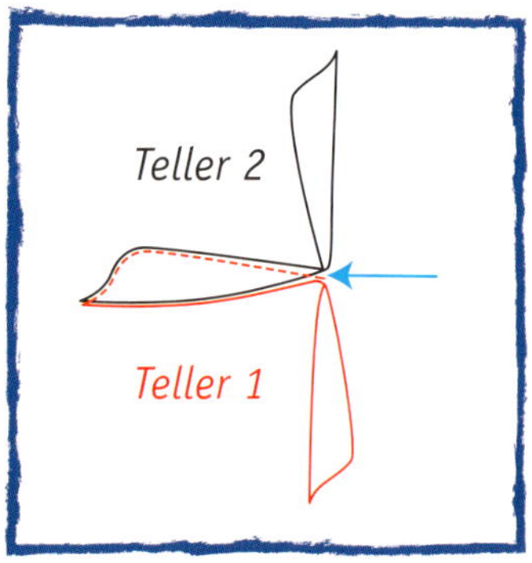

2 Den Hund mit Bastelfarben bemalen, je nach Hund auch die Ohren. Markierungspunkte als Pupillen aufkleben, für die Lichtpunkte weiße Bastelfarbe mit der stumpfen Seite eines Schaschlikstäbchens auftupfen. Die Nase aus Tonkarton schneiden, den Mund aufmalen und die Barthaare mit Punkten andeuten.

3 Für die beweglichen Ohren Löcher in Kopf und Ohren stanzen und eine Musterbeutelklammer durchstecken. Durch ein weiteres Loch einige Basthaare ziehen und verknoten.

Schildkröten

Abbildung & Materialangaben Seite 20/21

1 Die Becher auf eine Höhe von ca. 4 cm kürzen bzw. Eierbehälter aus dem Eierkarton herauslösen. Außen grün bemalen.

2 Die Schildkröten nach der Vorlage aus Tonkarton ausschneiden und die Becher als Panzer aufkleben. Punkte ausstanzen und anbringen. Wackelaugen fixieren oder Augen mit einem Filzstift aufmalen.

3 Schaschlikstäbchen je nach Höhe der Pflanze kürzen und in die Unterseiten der Schildkröten stecken.

Schildkröten

Material

- Trinkbecher aus Pappe oder Styropor®, oben 8 cm Ø, 10 cm hoch, alternativ: Eierkarton
- Tonkartonreste in Gelb, Orange, Rot, Blau
- Wackelaugen, 5 mm Ø
- Schaschlikstäbchen
- Motivlocher „Kreis" oder Cent-Münze als Schablone
- Bastelfarbe in Grün

Vorlage 5
Seite 83

Anleitung
Seite 18

A 12

Maus mit Klangspiel

Material

- 4 Pappteller, 22,5 cm Ø
- Trinkbecher aus Pappe, 0,2 l, 7 cm Ø, 9,5 cm hoch
- Bastelfarben in Hellgelb, Mittelgelb, Hellgrau
- Tonkartonreste in Weiß, Rosa, Pink, Silber
- Tonkartonrest in Rot mit weißen Herzchen
- Papierdraht in Weiß, 42 cm lang
- Blumen-Stieldraht in Blau, 0,4 mm Ø
- 3 Klangstäbe in Blau, 18 cm lang
- Nähgarn in Blau
- 2 Markierungspunkte in Schwarz, 8 mm Ø
- Stoffrest in Rot mit Herzchen, 5 x 5 cm
- Plüschrest
- Satinband in Gelb, 6 mm, 1,56 m lang
- 6 Holzperlen in Natur, 10 mm Ø
- Filzstift in Pink

Vorlage 6
Seite 83

1 Aus zwei Tellern unregelmäßige, verschieden große Kreise als „Käselöcher" ausschneiden. Die Tellerunterseiten gelb bemalen. Je einen Teller mit Löchern auf die Unterseite eines ganzen Tellers kleben.

2 Bei dem Teller, der die untere Hälfte des Käsestücks bilden soll, mit der Prickelnadel drei Löcher durch den Boden stechen (Vorlage). Die Klangstäbe einzeln auf Nähgarn fädeln, die Fäden durch die Löcher ziehen und jeweils mit einer Perle verknoten. Die Teller aufeinanderkleben.

3 Den Becher hellgrau bemalen. Ohren, Füße und Hände aus weißem Tonkarton schneiden und ebenso bemalen. Ohren und Gesicht gestalten, Markierungspunkte als Augen verwenden. Mit der Prickelnadel Löcher für die Barthaare stechen, 9 cm lange Blumenstiel-Drähte durchstecken und an der Becherinnenseite festkleben. Ohren anbringen. Plüsch zuschneiden (nur das Gewebe schneiden) und als Haare ankleben.

4 Mit der Prickelnadel Löcher für den Schwanz, die Arme (4 cm ab Becherboden) und die Beine (2 cm Abstand) stechen. Als Schwanz 18 cm langen Papierdraht einziehen und an der Becherinnenseite mit einer Holzperle und Klebstoff fixieren.

5 Für jedes Bein eine 3,5 cm langen Papierdraht zuschneiden, 0,5 cm umknicken und daran die Füße befestigen. Beide Drähte durch die Löcher im Becher stecken und innen mit Holzperlen fixieren. Für die Arme einen 17 cm langen Draht durch den Becher ziehen. Hände anbringen.

6 Die Gabel aus silberfarbenem Tonkarton schneiden und mit einem roten Griff versehen. Die Serviette an einer Ecke mit Nähgarn abbinden. Gabel und Serviette an den Pfoten fixieren. Die Maus auf den Käse kleben.

7 Mit einer Lochzange drei Löcher durch den Tellerrand stanzen (Abstand je 24,3 cm). Jeweils ein 52 cm langes Satinband einziehen und mit Knoten sichern. Die Bandenden oben zusammennehmen und verknoten.

Katzen

Material

- Zeitungspapier- oder Prospektmaterial,
  - Große Katze: Körper, 10 x 15 cm, Kopf, 8 x 10 cm
  - Kleine Katze: Körper, 8 x 13 cm, Kopf, 6,5 x 8,5 cm

Die Katzen nach den Schritt-für-Schritt-Zeichnungen auf Seite 84/85 falten, zuerst jeweils den Kopf, dann den Körper. Beide Teile aneinanderkleben und mit Stiften das Gesicht aufmalen. Die Katzen stehen sicher, wenn sie unten leicht auseinandergezogen werden.

3 x 22
Eselsbrüc
für hell
Freitag, 3. Februar
nähren diese Hoffnungen allerdi
Schon 2005, im dritten
utschten beide
uareg wurden Modell

Spiel & Spaß

Krone & Hut

Material

Für alle

- Haushaltsschwamm
- Wäscheklammern
- Hefter mit Klammern

Krone

- Pappteller, 24 cm Ø
- Alu-Jogurtdeckel
- Krepppapierreste in Orange, Rot, Blau
- Bastelfarben in Weiß, Gelb, Gold
- Hutgummi

Blauer Hut

- Pappteller, 24 cm Ø
- Pappteller, 18 cm Ø
- Krepppapier in Blau
- Bastelfarben in Weiß, Blau, Gold
- Vlies in Silber, 4 x 50 cm, oder Geschenkband
- Hutgummi

Kleine Tasche

- 2 Pappteller, 18 cm Ø
- Bastelfarben in Weiß, Blau, Gold
- Vlies in Silber, 4 x 50 cm, oder Geschenkband

Vorlage 7
Seite 86

Krone

Den Pappteller gelb bemalen und trocknen lassen. Ein nussgroßes Stück Haushaltsschwamm in eine Wäscheklammer klemmen, in weiße Farbe tauchen und den Teller damit betupfen. Trocknen lassen und Goldfarbe mit einem neuen Schwämmchen auftupfen.
Den Pappteller nach Zeichnung 1 auf Seite 86 einschneiden. Die gestrichelten Linien mit der Schere vorfalzen und die Zacken nach außen knicken. Die Innenseiten gelb bemalen und den Teller überlappend zusammenheften. Einen Stern und sechs Punkte aus den Jogurtdeckeln ausschneiden und auf die Zacken kleben. Als Edelsteine jeweils 2 x 2 cm große Quadrate aus Krepppapier schneiden, knüllen und aufkleben. Mit einer spitzen Nadel am Rand zwei gegenüberliegende Löcher stechen und Hutgummi einziehen.

Blauer Hut

Den großen Pappteller blau bemalen. Nach Zeichnung 2 auf Seite 86 ein Dreieck herausschneiden. Den großen Stern auf das Dreieck übertragen, ausschneiden, auf den Teller legen und den Ausschnitt wie oben beschrieben mit Weiß austupfen. Weiße und goldfarbene Punkte verteilen.
Den Pappteller kegelförmig zusammenheften und an der Spitze ein Vlies- oder Geschenkband einkleben. Blaues Krepppapier, 150 x 15 cm, an einer Seite gezackt zuschneiden und gerafft in den Hut einkleben.
Den unbemalten Pappteller bis zur Mitte einschneiden, kegelförmig zusammenheften und in den Hut einkleben. Hutgummi seitlich anbringen.

Kleine Tasche

Die Pappteller blau bemalen, wie oben beschrieben, mit Sternen und Punkten verzieren und nach Zeichnung 3 zuschneiden. Bei einem der größeren Halbkreise innen das Vliesband als Trageband festheften. Die größeren Tellerteile am runden Rand zusammenkleben und eines der kleineren Teile als Überschlag aufkleben.

Instrumente

Material

Tamburin und Rasselröhre

- Gummifaden
- Haushaltsschwamm
- Wäscheklammern

Tamburin

- Tortenunterlage, ca. 18 cm Ø (oder Graupappe)
- Bastelfarben in Gelb, Rot, Grün
- Krepppapierreste in Gelb, Rot, Grün
- Metallglöckchen in Silber, ca. 1,5 cm Ø

Rasselröhre

- Tonkarton in Weiß
- Krepppapierreste in Orange, Rot, Blau
- Pappröhre von Haushaltspapier, 26 cm lang, 4 cm Ø
- 2 weiße Luftballons, rund, 65 bis 70 cm
- Holzperlen, z. B. in Rot, Blau, 8 mm Ø
- Marabufedern
- Kleine Steine o. Ä.
- Bastelfarben in Orange, Rot, Blau

Materialangaben zu den Trommeln und alle Anleitungen Seite 32

Instrumente

Abbildung Seite 30/31

Material

Trommeln

- Tonkarton, z. B. in Gelb, Orange, Rot
- Leere Konservendosen ohne Deckel, z. B. 6,5 und 8,5 cm Ø
- Je 1 weißer Luftballon, rund, 65 bis 70 cm
- Je 2 Schaschlikstäbe
- Je 2 Holzperlen, z. B. 15 mm Ø
- Holzperlen in Gelb, Rot, Blau, 6 mm Ø
- Gummifaden
- Marabufedern
- Eventuell Motivlocher „Note"
- Klebefilm

Achtung

Zum Öffnen der Konservendosen einen Sicherheitsöffner verwenden, der keine scharfen Kanten macht.

Tamburin

Die Tortenunterlage in gleichmäßigen Abständen von z. B. 7 cm rundherum Löcher mit einem Bürolocher stanzen. Für jeden Farbton ein nussgroßes Stück vom Haushaltsschwamm abschneiden, jeweils in eine Wäscheklammer klemmen, in die Farbe tauchen und die Tortenunterlage damit betupfen. Die Farben trocknen lassen. An jedem zweiten Loch ein Glöckchen mit Gummifaden festbinden. In die anderen Löcher jeweils drei schmale Streifen Krepppapier in Gelb, Rot und Grün einziehen.

Rasselröhre

Die Papphröhre an einem Ende mit einem Luftballon verschließen: Den Ballon am Hals so weit abschneiden, dass er straff über das offene Röhrenende gezogen werden kann. Die Röhre mit Steinchen o. Ä. füllen und die zweite Öffnung wie die erste verschließen. Die Papphröhre mit Tonkarton ummanteln und die Oberfläche wie oben beschrieben mit Farbe betupfen. Auf drei etwa 50 cm lange Gummifäden Holzperlen auffädeln und die Perlenreihen durch Knoten sichern. Jeweils in die letzte Perle eine Marabufeder in die Bohrung einkleben. Die freien Fadenenden zusammennehmen, mehrfach um die Röhre wickeln, verknoten und mit Klebefilm überkleben. Die Röhre mit Krepppapierstreifen verzieren, einen Streifen über die Gummifäden bzw. den Klebefilm kleben.

Trommeln

Für jede Dose einen Luftballon am Hals so weit abschneiden, dass man ihn straff über die Öffnung ziehen kann. Die Dosen mit Tonkarton ummanteln und der Abbildung entsprechend mit Stanzmotiven oder Perlenschnüren verzieren. Den Faden immer zweimal durch die Perlenbohrung führen, um die Position der Perle zu fixieren. Für die Schlägel jeweils eine Holzperle auf ein Schaschlikstäbchen kleben.

Schiffe

Abbildung Seite 34/35

1 Für den Schiffsrumpf jeweils einen Quarkbecher deckend in Grün bzw. Rot bemalen und trocknen lassen.

2 Die Schiffsdecks aus Fotokarton ausschneiden: Die Becher auf Tonkarton stellen, die Umrisse mit Bleistift nachzeichnen und die Formen ausschneiden. An den angegebenen Stellen (siehe Zeichnungen unten) mit einer Nadel Löcher für die Masten vorstechen und beim Piratenschiff mit dem Cutter einen Schlitz für den Pirat einschneiden. Mit Filzstift „Risse" aufmalen.

3 Die Segel ausschneiden. Mit einer Nadel Löcher einstechen und die Schaschlikstäbchen als Masten einstecken.

4 Steckmasse passend zuschneiden und in den Schiffsrumpf legen. Die Masten erst durch das Deck, dann in die Steckmasse stecken und das Deck auf den Schiffsrumpf kleben.

5 Beim Piratenschiff das Segel mit Säbeln und den Mast mit einem Wimpel verzieren. Den Pirat ausarbeiten und in den Schlitz des Decks stecken. Rettungsring aufkleben.

6 Das Wikingerschiff mit Drachenkopf und -schwanz ausstatten. Eine Fahne mit Helm an den Mast kleben.

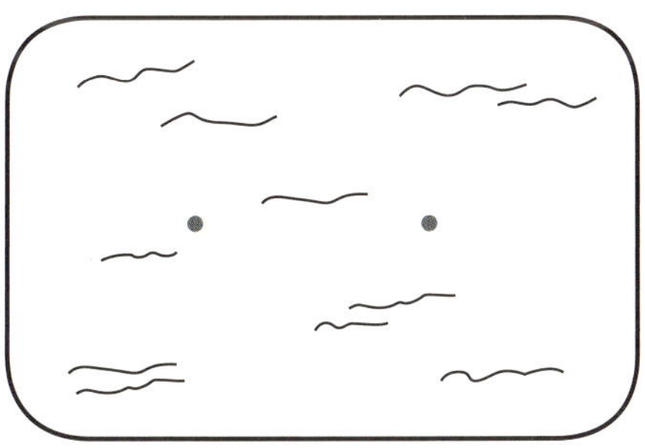

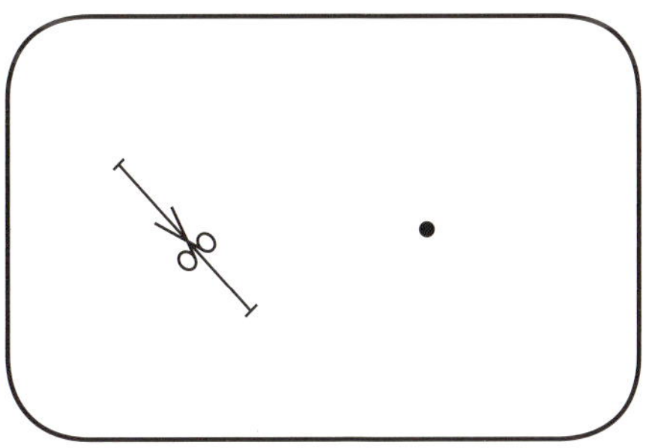

Schiffe

Material

- Quarkbecher, oben ca. 11,5 cm x 7,6 cm, ca. 4,5 cm hoch
- Fotokarton in Weiß, Hautfarbe, Rot, Orange, Hell- und Dunkelgrün, Schwarz
- Bastelkarton mit Streifen in Grün-Weiß bzw. Rot-Weiß; oder: Fotokarton in Weiß, Filzstift in Grün
- 3 Schaschlikstäbchen
- Trockensteckmasse
- Bastelfarben in Rot, Grün

Vorlagen 8, 9
Seite 86/87

Anleitungen Seite 32/33

Becher-Clowns

Material

- Trinkbecher aus Pappe:
  - 0,5 l, 15,5 cm, 9 cm Ø
  - 0,2 l, 9,5 cm, 7 cm Ø
- Bastelfarben in Weiß, Gelb, Blau, Rotviolett, Rot, Hautfarbe
- Sisalgras in Orange
- Tonkarton in Weiß, Schwarz
- Markierungspunkte in Gelb, 18 mm Ø
- 2 Styroporkugeln, 4,8 cm Ø
- 2 Wattekugeln, 1,6 cm Ø
- 4 Holzperlen in Natur, 1 cm Ø
- 2 Kordeln in Blau, 11 cm lang, 2 mm Ø
- Filz in Hellgrün
- Je 2 Pompons in Hellgrün, 6 mm Ø
- 2 Zylinder in Schwarz, 2,6 cm hoch, 3,8 cm Ø
- 2 Holzstäbe in Natur, 50 cm lang, 5 mm Ø
- 8 Moosgummischeiben in Gelb, 1,6 cm Ø
- Styroporkleber
- Bleistiftspitzer

Vorlage 10
Seite 87

1 Die großen Pappbecher weiß grundieren, die kleinen Pappbecher ringsum auf 7,5 cm Höhe abschneiden. Die großen Becher unifarben, die kleinen Becher mit 1 cm breiten Streifen bemalen. Styroporkugel (Kopf) und Wattekugel (Nase) der Abbildung entsprechend gestalten.

2 Die Köpfe auf Schaschlikstäbchen stecken. Jeweils die Nase, den Mund aus Tonkarton und die mit einem Bürolocher ausgestanzten Punkte als Augen aufkleben. Die Wangen röten, die Haare fixieren und den Zylinder aufsetzen. Die Stäbchen entfernen.

3 Durch den Boden der Becher mit der Prickelnadel ein Loch stechen und mit einer spitzen Schere erweitern. Die Holzstab mit einem Bleistiftspitzer anspitzen, durch den großen und kleinen, umgedrehten Becher führen. Den Kopf auf den Holzstab stecken und festkleben.

4 In die einzelnen Moosgummischeiben mit einer Lochzange mittig ein Loch stanzen, jeweils vier Scheiben aufeinanderkleben und als Stopper auf den Holzstab stecken.

5 Für die Arme Holzperlen auf die Kordel fädeln, die Enden verknoten und die Kordeln an den Becher kleben. Auf den Fliegen jeweils einen Pompon anbringen. Die großen Becher mit Markierungspunkten schmücken.

Schüttel-Ratespiel

Material

- Fotokarton in Weiß, 50 x 70 cm
- Mindestens 10 Dosierhilfen für Flüssigwaschmittel
- Füllmaterial (s. Text)
- Deck- oder Fingermalfarben in Gelb, Orange, Rot, Blau, Hell- und Dunkelgrün
- Borstenpinsel oder alte Zahnbürste
- Spritzsieb
- Maßband
- Zackenschere
- Deckel o. Ä. als Kreisschablone, 9 cm Ø; alternativ Zirkel

Vorlage 11

Seite 87

1 Einen Bogen Fotokarton in Spritztechnik gestalten: Mit einem Pinsel oder einer alten Zahnbürste Deckfarbe aufnehmen und die Farbe so am Sieb abstreichen, dass sie in gleichmäßigen, feinen Tropfen auf das Papier spritzt. Gut trocknen lassen.

2 Mit dem Maßband Umfang und Höhe der Dosierhilfen abmessen. Für jeden Becher einen entsprechenden Fotokartonstreifen zuschneiden und um den Becher kleben.

3 Mit einem Deckel als Schablone Kreise von 9 cm Durchmesser auf die Rückseite des Kartons zeichnen. Ältere Kinder verwenden einen Zirkel. Die Kreisscheiben mit der Zackenschere ausschneiden. Mit Filzstift Gesichter aufmalen und mit weißem Lackstift Punkte auf die Augen setzen.

4 Jeweils zwei Behälter mit gleichem Material füllen, zum Beispiel mit Sand, Kieselsteinen, Büroklammern, Nägeln, Holzperlen. Die Scheiben mit den Gesichtern auf die Öffnungen der Becher kleben.

Spielidee

Die Kinder sollen erraten, welche Gegenstände sich in den Dosen befinden, und erkennen, welche beiden Dosen zusammenpassen. Das Spiel leitet die Kinder zu konzentriertem Hören an und macht ihnen die Bedeutung des Sinnesorgans Ohr deutlich. Auch zum Thema „Geräusche – Lärm" kann das Spiel ein Einstieg sein. Darüber hinaus macht es einfach Spaß und eignet sich für den Kindergeburtstag.

Türmchen-Spiel

Material

- 1 kg Mehl
- 1 kg Salz
- Wasser
- Schüssel
- Nudelholz
- Plätzchenausstecher „Blume"
- Backblech, mit Backpapier ausgelegt
- Bastelfarben in Gelb, Hellblau, Rot, Pink, Violett, Grün

1 Salz und Mehl in eine Schüssel geben und mit wenig Wasser verrühren, bis ein fester Teig entsteht.

2 Den Teig mit dem Nudelholz etwa 1 cm dick ausrollen und 16 Blumenformen ausstechen. Die Teigreste zusammenkneten und fünf Kugeln formen. In beiden Handflächen rollen, bis sie gleichmäßig rund sind. Vier davon auf die Tischplatte legen und jeweils eine Seite spitz zum Kegel rollen. Aus der fünften Kugel einen Würfel formen.

3 Alles auf ein Backblech legen und im vorgeheizten Backofen eine Stunde lang bei 130 °C backen. Zwischendurch einmal wenden und darauf achten, dass die Teile nicht braun werden. Zur Kontrolle auf die Formen drücken, ob sie schon fest sind (Backvorgang: Erwachsener).

4 Die Formen auskühlen lassen und bemalen: Vier Blumen in Violett, vier in Hellblau, vier in Gelb und vier in Pink. Alle Kegel grün bemalen. Der Würfel erhält auf einer Seite ein rotes Kreuz, auf einer anderen einen grünen Kegel und auf den restlichen Seiten Punkte in den Farben der Blumen.

Spielanleitung für vier Spieler

Jeder Spieler erhält vier verschiedenfarbige Blumen und einen grünen Kegel. Nun der Reihe nach würfeln. Zeigt der Würfel eine Blume, legt der Spieler eine Blume in entsprechender Farbe vor sich hin. In der zweiten Runde wird die nächste gewürfelte Blume auf die erste gesetzt usw. Hat der Spieler seine vier Blumen aufgestapelt, muss er einen Kegel würfeln, um die letzte Figur aufsetzen zu können. Zeigt der Würfel einen grünen Kegel, bevor der Spieler seinen Stapel vollendet hat, muss er aussetzen. Wird das rote Kreuz gewürfelt, muss der Spieler seinen Stapel wieder abbauen. Gewonnen hat, wer als Erster seinen Stapel mit dem Kegel besetzen kann.

Hand-puppen

Material

- Sahne- oder Jogurt-becher
- Obstnetze in Gelb, Grün, Rot
- Pompons in Gelb, Grün, 1 cm Ø
- Bastelfarben in Rot, Grün, Blau

Die Becher mit Bastelfarben bemalen und gut trocknen lassen.

Die Öffnung für die Finger – entweder Hände oder Nase der Handpuppe – mit einer kleinen spitzen Schere einschneiden Erwachsener).

Mund und Augen mit einem schwarzen Filzstift aufmalen. Mit einem weißen Lackstift Glanzpunkte auf die Augen setzen. Bei den Handpuppen ohne Nasenausschnitt einen Pompon ankleben.

Für die Haare jeweils ein Obstnetz zusammenknullen und mit der Klebepistole auf den Becherboden kleben.

Fürs Kinderzimmer

Katz und Maus

Material

- Papprollen, z. B. von Küchenpapier
- Tonkarton in Gelb, Grau, Schwarz
- Kleine Dekoklammern aus Holz, 2 cm lang

Vorlage 12
Seite 88

Katze

1 Kopf, Pfoten und Schwanz nach den Vorlagen aus grauem Tonkarton ausschneiden. Den Kopf der Abbildung entsprechend mit Filzstiften bemalen. Die Wangen mit einem roten Buntstift andeuten und mit dem Finger verreiben.

2 Käsestücke aus gelbem Tonkarton ausschneiden und mit dem Bürolocher Punkte ausstanzen. Die Punkte aufbewahren.

3 Die Papprollen auf 9,5 cm, 6 cm und 3,5 cm Länge zuschneiden und mit schwarzem Tonkarton ummanteln. Mit der Klebepistole aneinanderkleben oder Flüssigkleber verwenden und mit Wäscheklammern fixieren, bis der Kleber trocken ist. Die Rollen auf schwarzen Tonkarton stellen und die Umrisse mit Bleistift nachzeichnen. Die Form ausschneiden und als Boden unter die Rollen kleben.

4 Kopf, Pfoten und Schwanz anbringen, die Rollen mit den gelben Locherpunkten bekleben. Kleine Käsestücke mit Klammern befestigen.

Maus

1 Eine Papprolle von 9,5 cm Länge mit gelbem Tonkarton ummanteln. Einen weiteren Tonkartonstreifen zuschneiden, „Käselöcher" mit dem Cutter oder einer kleinen spitzen Schere ausschneiden und den Streifen um die Rolle kleben.

2 Kopf und Schwanz nach den Vorlagen aus grauem Tonkarton ausschneiden. Das Gesicht aufmalen und die Innenohren jeweils mit Locherpunkten gestalten. Schmale gelbe Streifen als Haare an die Kopfrückseite kleben. Kopf und Schwanz an der Papprolle befestigen.

Pelikan
GERMANY

Nilpferd

Material

- 2 Trinkbecher aus Pappe, 0,5 l, 15,5 cm, 9 cm Ø
- 4 Weinkorken
- Tonkarton in Hellblau, Pink, Gelb, Hellgrün
- Markierungspunkte:
  - 2x in Weiß, 12 mm Ø
  - 2x in Schwarz, 8 mm Ø
- Papierdraht in Weiß, 32 cm lang
- Blumen-Stieldraht in Blau, 0,4 mm Ø, 10 cm lang
- Bastelfarben in Weiß, Hellblau

Vorlage 13
Seite 88

1 Den Boden beider Becher abschneiden, auf 10,5 cm Höhe kürzen und am Trinkfalz zusammenkleben. Mit weißer Bastelfarbe grundieren, anschließend blau bemalen. Je zwei Weinkorken aneinanderkleben, bemalen und als Füße anbringen.

2 Markierungspunkte als Augen auf das Gesicht kleben. Die Schnauze getrennt schneiden und fixieren. Das Halstuch an der Rückseite anbringen, die Punkte mit einem Filzstift auftragen.

3 Die Flügel des Schmetterlings mit Punkten verzieren. Kleine Punkte mit dem Bürolocher ausstanzen, große Kreise mit der Schere schneiden. *Tipp:* Markierungspunkte verwenden.

4 Den Stieldraht über ein Schaschlikstäbchen zu einer Spirale wickeln, leicht auseinander ziehen und den Schmetterling befestigen. Den Draht zwischen Kopf und Körper des Nilpferds kleben.

5 Papierdraht blau bemalen, ineinander verdrehen, die Enden aufzwirbeln, fransig einschneiden und den Schwanz an der Innenseite des Körpers fixieren.

Schnecken-post

Material

- 2 Pappteller, ca. 18 cm Ø
- Tonkarton in Gelb, Orange, Rest in Schwarz
- Zeitungspapier
- Kleine Dekoklammern aus Holz, 2 cm lang
- Chenilledrahtreste in Gelb, Orange
- 4 Holzperlen in Rot, 8 mm Ø
- 4 Pompons in Rot, 1 cm Ø
- Bastelfarben in Gelb, Orange, Rot
- 2 kleine Wäsche-klammern
- Schaschlikstäbchen

Vorlage 14
Seite 89

Anleitung Seite 52

Frosch-Pinnwand

Material

- Styroporrest, 35 x 11 cm
- Kronkorken
- Pinnwand-Nadeln
- Fotokarton in Hellgrün
- Kopierpapier in Weiß
- Wasserfeste Filzstifte in Dunkelgrün, Schwarz
- Bastelfarben in Hellblau, Dunkelgrün

Vorlage 15
Seite 90

1 Das Styroporstück mit hellblauer, die Kronkorken mit dunkelgrüner Bastelfarbe anstreichen und trocknen lassen.

2 Den großen Frosch nach der Vorlage aus hellgrünem Fotokarton ausschneiden. Mund, Augen, Körperlinien und Punkte mit Filzstiften aufmalen. Mit einem weißen Lackstift Glanzpunkte auf die Augen setzen. Den fertigen Frosch oben auf die Styroporleiste kleben.

3 Für die Augen der kleinen Pinn-Frösche mit dem Bürolocher Punkte aus weißem Kopierpapier stanzen. Mit einem schwarzen Filzstift Pupillen aufmalen. Jeweils ein Augenpaar oben auf den Kronkorken platzieren und den Mund mit schwarzem Filzstift aufmalen.

4 Die Füße nach der Vorlage aus hellgrünem Fotokarton ausschneiden und mit dunkelgrünen Punkten verzieren. Jeweils Füße und eine Pinnwand-Nadel mit der Klebepistole auf die Innenseite des Kronkorkens kleben. Die Frösche auf die Styroporleiste stecken.

Schneckenpost

Abbildung & Materialangaben Seite 50/51

1 Die Pappteller gelb und rot bemalen und trocknen lassen. Einen Pompon in eine Wäscheklammer klemmen, in rote bzw. gelbe Farbe tauchen und große Punkte auftupfen. Kleine orangefarbene Punkte mit der flachen Seite des Schaschlikstäbchens auftragen. Trocknen lassen.

2 Köpfe und Haare nach den Vorlagen aus Tonkarton ausschneiden. Die Haare aufkleben und Pompons als Nasen anbringen. Augen und Münder mit einem Filzstift aufmalen. Die Pappteller als Körper ankleben.

3 An der Kopfrückseite fein eingeschnittenes Zeitungspapier und Chenilledrahtreste mit aufgesteckten Holzperlen als Fühler ankleben. Memozettel oder Zettel in Form kleiner Briefumschläge anklammern.

Mo.
15^{00}
Marc
Turnen
Montag
10 Uhr

Haarspangen-Qualle

Material

- Runde Kunststoffschale, z. B. von Margarine oder Mascarpone
- Stoffreste, 30 bis 50 cm lang
- Wollfaden, 50 cm lang
- Holzperle, 10 mm Ø
- Fotokartonrest in Hellgrün
- Bastelfarben in Blau, Weiß
- Wasserfester Filzstift in Schwarz
- Zackenschere

Vorlage 16
Seite 89

1 Die Kunststoffschale außen mit blauer Bastelfarbe bemalen und trocknen lassen.

2 Augen aus hellgrünem Fotokarton schneiden und auf die Schale kleben. Mit einem wasserfesten schwarzen Filzstift einen lustigen Mund aufmalen. Punkte mit weißer Farbe auftupfen und trocknen lassen.

3 In die Mitte des Schalenbodens mit dem Cutter ein Kreuz einritzen (Erwachsener). Für die Aufhängung den Wollfaden einziehen, innen am Becherboden die Holzperle auffädeln und mit einem Knoten sichern.

4 Die Stoffreste mit der Zackenschere zu 3 cm breiten, 30 bis 50 cm langen, spitz zulaufenden Streifen schneiden. Unten jeweils einen Knoten setzen. Insgesamt etwa zehn „Fangarme" anfertigen.

5 Mit der Klebepistole sieben Streifen innen am Rand des Bechers ankleben. Drei weitere in der Bechermitte fixieren. Die Haarspangen anklammern.

Kleiderbügel

Material

Pappmaché-masse

- Zeitungspapier
- Tapetenkleister
- Leeres Konservenglas
- Eventuell Küchenmaschine oder Pürierstab

Kleiderbügel

- Plastik-Kleiderbügel
- Pappmachémasse (siehe oben)
- Transparentpapier, z. B. in Gelb, Orange, Rot, Pink, Hellgrün, Blau
- Tapetenkleister
- Bastelfarbe in Weiß
- Motivstanzer

Pappmachémasse selber anfertigen

Aus Zeitungspapierschnipseln und Tapetenkleister eine knetfertige Masse herstellen: Mehrere Lagen Zeitungspapier, zum Beispiel 10 Doppelseiten, in etwa 1,5 cm große Quadrate reißen, in heißem Wasser einweichen und einen halben Tag stehen lassen. Die Schnipsel können auch mit Wasser in den Mixer gegeben und durch mehrmaliges Betätigen des Momentschalters vermischt werden. Überschüssiges Wasser ausdrücken.
In ein leeres Konservenglas vier Esslöffel Kleisterpulver geben, mit Wasser auffüllen, verschrauben und gut schütteln. Nach etwa 10 Minuten den Kleister mit dem eingeweichten Papierbrei verkneten, bis eine geschmeidige Masse entsteht.

Kleiderbügel

1. Den Bügel in Pappmachémasse einkleiden, nur der Haken ragt heraus. Zum Trocknen aufhängen und immer wieder glatt drücken.

2. Nach dem Durchtrocknen grundieren, dann mit Transparentpapierschnipseln in hellen Farben und Kleister überziehen.

3. Aus dunklerem Transparentpapier Motive ausstanzen und mit Kleister auf die Bügel kleben. Zum Schluss alles nochmals mit einer Schicht Kleister überziehen.

Tiger und Elefant

Material

Beide Motive

- 2 Trinkbecher aus Pappe, 0,2 l, 7 cm Ø, 9,5 cm hoch

Tiger

- Tonkarton in Gelb, Rot, Orange
- Bastelfarben in Gelb, Orange
- Filzstift in Braun
- Buntstift in Orange
- Abstandsband

Elefant

- Tonkarton in Hellblau, Schwarz
- Regenbogen-Tonkarton
- Tonpapier in Rot
- 2 Flechtstreifen in Hellblau, 2 x 50 cm oder Tonpapier
- Markierungspunkte:
  - 6x in Weiß, 12 mm Ø
  - 2x in Schwarz, 8 mm Ø
- 2 Zahnstocher
- Marabufeder in Blau
- Bastelfarben in Hellblau, Weiß

Vorlagen 17, 18
Seite 91

Tiger

1 Beide Becher mit Bastelfarbe bemalen, den Becher für den Körper in Gelb, den Stiftebehälter in Orange.

2 Den Kopf nach der Vorlage ausschneiden. Fellmuster, Augen und Mund mit Stiften aufmalen, Nase aus Tonkarton fixieren. Für die Wangen einen Buntstift verwenden (siehe Seite 9).

3 Arme und Beine mit Streifen bemalen, den Rand der Pfoten leicht schattieren. Den Körperbecher mit dem Boden nach oben auf die Arbeitsfläche stellen, Kopf und Arme anbringen. Die Beine schräg mit Abstandsband befestigen.

4 Fünf Scheiben mit dem Durchmesser des Becherbodens aus Tonkarton schneiden, mit Abstandsband aufeinanderkleben und auf den Boden des Stiftebechers kleben. Beide Becher zusammenkleben, dazu den Trinkfalz des Stiftebechers über den Bodenrand des Körperbechers schieben.

Elefant

1 Einen Becher auf 6 cm Länge abschneiden. Am Bodenfalz ein Dreieck ausschneiden, um die Beine anzudeuten. Beide Becher bemalen. An jedem Bein drei Klebepunkte als Zehen fixieren.

2 Den Mund mit Filzstift aufmalen. Gestanzte Punkte als Wangen ankleben. Für den Rüssel zwei Flechtstreifen auf 35 cm Länge kürzen. Die Vorlage nach 10 cm Länge übertragen und ausschneiden. Eine Hexentreppe falten und an den Becher kleben. Klebepunkte als Augen anbringen.

3 Die Ohren nach der Vorlage ausschneiden und seitlich an den Körper kleben. Die Spitzen des Zahnstochers weiß bemalen, auf jeweils 1,5 cm Länge zuschneiden und beidseitig als Stoßzähne anbringen. Abschnitte der Marabufeder auf dem Kopf befestigen.

Rund ums Jahr

Rassel-Entchen

Material

- Ausgediente Glühbirnen
- Seidenpapier in Gelb
- Filzrest in Orange
- Fotokartonrest in Schwarz
- Federn in Orange
- Angerührter Kleister
- Hammer

Vorlage 19
Seite 89

1 Die Augen frei oder nach der Vorlage aus schwarzem Fotokarton ausschneiden und mit weißem Lackstift Glanzpunkte aufmalen.

2 Schnabel und Füße nach den Vorlagen aus Filz ausschneiden. Mit einem schwarzen Filzstift Nasenpunkte auf den Schnabel setzen und die Umrisslinie andeuten.

3 Das Seidenpapier in kleine Stücke reißen, mit Kleister auf die Glühbirnen kleben und glatt streichen. Etwa vier bis sechs Papierschichten auftragen und mindestens einen Tag trocknen lassen.

4 Mit einem Hammer die Glühbirne vorsichtig zerschlagen, durch die Bruchstücke im Innern rasseln die Enten.

5 Den Schnabel und die Füße ankleben. Die Augen über dem Schnabel platzieren und die Augenbrauen aufmalen. Eine Feder als Kopfschmuck und zwei Federn als Flügel anbringen.

Tipp

Das Lied „Alle meine Entchen" lässt sich sehr schön mit den Rassel-Entchen begleiten.

Osterhase

Material

- Trinkbecher aus Pappe, 0,2 l, 7 cm Ø, 9,5 cm hoch
- Tonkarton in Gelb, Hellbraun, Grün, Weiß, Schwarz, Rot
- Bastelfarbe in Gelb
- Karoband in Weiß/Blau, 4 mm, 14 cm lang
- 2 Knöpfe in Rot, 12 mm Ø
- Ostergras
- Teller oder Körbchen

Vorlage 20
Seite 92

1 Den Pappbecher gelb bemalen. Den Kopf nach der Vorlage aus Tonkarton ausschneiden und das Gesicht der Abbildung entsprechend gestalten, Nase und Innenohren fixieren.

2 Die Streifen an den Armen mit dem Filzstift aufmalen. An einem Ende die Pfoten anbringen, am anderen Ende die Arme entlang der gestrichelten Faltlinie knicken. Den Kopf vorn, beide Arme seitlich an den Becher kleben. Schleife und Knöpfe fixieren.

3 Die Borsten des Pinsels mit Filzstift bemalen, den Stiel aufkleben und diesen an der Pfote des Hasen befestigen.

4 Das Ostergras auf dem Teller oder im Körbchen zu einem flachen Nest anordnen und den Hasen hineinsetzen. Nach Belieben mit gefärbten Ostereiern dekorieren.

Ostereier färben

Eierschalen sind dünn und porös. Beim Färben können die Färbemittel die Schalen durchdringen und in die Nahrung gelangen. Biofarben sind unbedenklich und daher den synthetischen Färbemitteln vorzuziehen.
Naturfarben zum Eierfärben bekommen Sie u. a. in der Apotheke. Für lindgrüne Eier benötigen Sie 20 g getrocknete Mateblätter, für hellgelbe 30 g Birkenblätter. Sonnengelb erhalten Sie mit 20 g Curcumarhizom (gepulvert), Violett mit 20 g getrockneten Heidelbeeren. Für eine karminrote Färbung gibt es „Cochenille" (2 g), den einzigen zugelassenen Lebensmittelfarbstoff tierischer Herkunft.
Die Zutaten pro Farbe in jeweils einen Liter Wasser geben und zehn Minuten sieden lassen. Den Farbsud filtrieren, zum Beispiel mit einem Kaffeefilter, die Eier hinzugeben und zehn Minuten lang im siedenden Farbbad hart kochen. Die Eier dabei im Topf mit einem Löffel hin und her bewegen, damit die Färbung gleichmäßig wird.

Schmetterling & Raupe

Material

Beide Motive

- Drahtrest in Schwarz, z. B. 0,5 mm Ø
- Doppelseitiges Klebeband

Schmetterling

- Kleiner Jogurtbecher in Pink
- Bunte Wollreste (am besten von Wolle in Regenbogenfarbe)
- Rest von Stickgarn oder Wolle in Violett
- 2 Rocailles in Blau
- Rest von Transparentpapier, 115 g/qm, z. B. „Mosaik – hell"
- Wasserfester Filzstift in Schwarz

Raupe

- 5 kleine Jogurtbecher, verschiedenfarbig
- Wollrest in Gelb
- 2 Holzperlen in Pink, 10 mm Ø
- Holzperle in Flieder, 8 mm Ø
- Bastelfarbe in Weiß
- Teelichter

Vorlage 21
Seite 90

Schmetterling

1 Für die Fühler mit einer Stopfnadel zwei Löcher in den Becherboden nahe am Rand stechen. Ein 15 cm langes Drahtstück in der Mitte knicken und von innen durch die Löcher stecken. Beide Drahtenden um ein Schaschlikstäbchen zu Spiralen drehen, an den Spitzen je eine kleine Perle aufsetzen und mit einem Tropfen Klebstoff fixieren.

2 Ein Loch mittig in den Becherboden stechen, den Aufhängefaden durchziehen und innen verknoten.

3 Das Gesicht frei oder der Abbildung entsprechend mit einem wasserfesten Filzstift aufmalen.

4 Am inneren Rand des Bechers einen 2 cm breiten Steifen Klebeband anbringen. Rundum 20 cm lange Wollfäden dicht nebeneinander fixieren. Die Fäden unten mit einem weiteren Faden abbinden und gerade abschneiden.

5 Die Flügel von der Vorlage auf farbiges Transparentpapier übertragen und ausschneiden. Mit Klebeband am Becher platzieren.

Raupe

1 Die Fühler aus Draht wie oben beschrieben am gelben Becher anbringen und an den Enden Holzperlen befestigen. Das Gesicht aufmalen und eine Holzperle als Nase aufkleben. Wollreste als Haare auf dem Kopf fixieren.

2 Bei den restlichen Bechern mit der flachen Seite des Schaschlikstäbchens weiße Punkte auftupfen und trocknen lassen. Teelichter mit Klebeband befestigen. Die Becherränder überlappend aneinanderkleben.

Rabe & Blättergeister

Material

Rabe

- Zweig mit getrockneten Beeren, z. B. Feuerdorn, Pfeffer
- Getrocknete Blätter, z. B. Ahorn
- Zweig
- Früchte wie Eicheln, Haselnüsse, Rosskastanien, Erlenzapfen, Hagebutten, Erdnüsse
- Geprägter Tonkarton in Orange, Schwarz
- Wackelaugen, 10 mm Ø
- Holzperlen in Orange, 10 und 12 mm Ø
- Silberdraht, 0,3 mm Ø

Blättergeister

- Getrocknete, ungepresste Herbstblätter, z. B. von Eiche, Buche, wildem Wein (Körper)
- Rosskastanien (Köpfe)
- Pfefferkörner (Augen)
- Fruchthüllen von Rosskastanie, Buche (Hüte)
- Bastelfilzrest in Rot
- Chenilledraht in Rotbraun, Braun
- Holzperlen
- Schaschliksstäbe

Vorlage 22
Seite 92

Rabe

Den Raben nach der Vorlage aus geprägtem Tonkarton ausschneiden. Schnabel und Augen ankleben und die Linie am Schnabel mit Filzstift aufmalen. Getrocknete Blätter als Flügel und Kopffedern anbringen. Unten einen Zweig festkleben. Den Zweig mit Herbstfrüchten, Blättern und auf Silberdraht gefädelten Holzperlen verzieren. Den Draht immer zweimal durch die Bohrung führen, um die Position der Perle zu fixieren.

Blättergeister

Auf jedes Schaschlikstäbchen eine orangefarbene Holzperle stecken und etwa 9 cm vom glatten Spießende entfernt mit einem Tropfen Klebstoff fixieren. Blätter vorsichtig aufspießen und dazwischen zwei Holzperlen als Abstandhalter aufreihen.

3 cm vor dem Spießende einen 14 cm langen Chenilledraht fest um den Spieß wickeln, sodass zwei gleich lange Arme entstehen. Jeweils ein kleines Blatt als Hand an die Enden kleben. Abschließend zwei Blätter auf das Schaschlikstäbchen stecken.

Mit einer dicken Nadel an der Kastanie ein Loch vorstechen und die Kastanie als Kopf auf den Schaschlikspieß stecken. Pfefferkörner als Augen aufkleben, die Pupillen mit einem schwarzen Filzstift aufmalen. Eine rote Holzperle als Nase und einen Mund aus Filz anbringen. Als Hut entweder eine halbe Fruchthülle der Kastanie oder eine Fruchthülle der Buche aufkleben und dabei ein bis zwei kleine Blätter mit einlegen.

Martinslaterne

Material

- Transparentpapier in Hellgelb, Orange, Hell- und Dunkelgrün
- Luftballon, 33 cm Ø
- Angerührter Tapetenkleister
- Laternenbügel aus Draht

Tipp

Elektrische Laternenstäbe sind am sichersten. Sollen Teelichter oder Kerzen verwemdet werden, muss eine entsprechende Halterung am Laternenboden angebracht werden.

1 Kleister anrühren und den Luftballon aufblasen. Hellgelbes Transparentpapier in 4 x 4 cm große Schnipsel reißen.

2 Nach den Vorlagen Blätterschablonen anfertigen. Die Formen auf Transparentpapier in Orange und Grün zeichnen und ausschneiden.

3 Den Ballon mehrschichtig mit Schnipseln bekleben und die Blätter anbringen. Trocknen lassen.

4 Den Luftballon am Knoten einschneiden und entfernen. Eine glatte Öffnung schneiden und den Laternenbügel befestigen.

Geschenk-Tüten

Material

- Butterbrottüten
- Tonkarton in Rot
- Tonpapierreste in Weiß, Hautfarbe
- Wolle in Weiß
- Knöpfe, z. B. in Weiß, Grün
- Filzstifte in Gelb, Grün
- Klebefilm

Vorlage 23
Seite 93

1 Die Teile der Nikolausfigur nach der Vorlage aus Tonkarton bzw. Tonpapier ausschneiden. Den Kopf auf die Arme kleben und oben Mütze und Besatz anbringen.

2 Für die Wangen mit einer Schere von einem roten Buntstift Farbpartikel abschaben und mit der Fingerkuppe aufreiben. Einen Punkt aus rotem Tonpapier stanzen und als Nase aufkleben. Mund und Augen mit Filzstift aufmalen. Lichtpunkte mit dem Lackstift setzen. Den Bart aufkleben und die Enden nach vorn biegen.

3 Die Hände an die Rückseite der Ärmel kleben und die weißen Besätze darüber anbringen.

4 Die Tüte frei oder der Abbildung entsprechend bemalen und den Nikolaus oben am vorderen Rand ankleben.

5 Paket und Herz aus Tonkarton mit Punkten und Knöpfen verzieren und Wollfäden für die Aufhängung befestigen. Die Wollschlaufen über die Arme legen und an der Rückseite mit Klebefilm fixieren.

6 Die Tüte füllen und den hinteren Rand mit Klebefilm am Nikolaus festkleben.

Tipp

Die Tüten können auch als Windlichter verwendet werden. Die Tüten öffnen und jeweils den Boden flach drücken und ein Schraubglas, z. B. von Babynahrung mit Teelicht hineinstellen. Achtung: Teelichter nie unbeaufsichtigt brennen lassen!

Nikolausstiefel

Material

- Leerer Getränkekarton, 1 l, mit quadratischer Grundfläche, 7 x 7 cm (z. B. von Milch)
- Zeitungspapier
- Angerührter Kleister
- Fingermalfarbe in Rot
- Watte
- Wollrest in Weiß
- 6 Knöpfe

1 Den oberen Teil des Getränkekartons so abschneiden (Erwachsener!), dass ein 20 cm hoher Behälter entsteht.

2 Das Zeitungspapier in kleine Stücke reißen, in Kleister tauchen und um den Getränkekarton kleben, bis die ganze Fläche bedeckt ist.

3 Mit Kleister an den Händen eine etwa 10 cm große Kugel formen, flach drücken und als Stiefelspitze an den Getränkekarton kleben. Mit Zeitungspapierstreifen überkleben, auch an der Unterseite, bis die Stiefelform stabil ist. Zwei Tage trocknen lassen.

4 Den Stiefel satt mit roter Fingermalfarbe dreimal deckend anstreichen und einen Tag trocknen lassen.

5 Mit der Klebepistole zwei weiße Wollfäden wie bei einem Schnürschuh über Kreuz am Stiefelschaft punktuell festkleben. An jeder Seite dreimal fixieren und oben mit einer Schleife zusammenbinden. Knöpfe über den Klebestellen anbringen und den Stiefelrand mit Watte dekorieren.

Tipp

Der Stiefel kann zum Nikolaustag mit Süßigkeiten gefüllt werden. Er eignet sich auch als Vase für Tannenzweige oder für Kirschzweige zum Barbaratag. Dann sollten unten ein paar Steine hineingelegt werden, damit er nicht umkippt.

Engel, Niko & Kugel

Material

- Je 1 Luftballon (Wasserbombe)
- Wolle in Gelb, Rot, Grün, Wollrest in Weiß
- Tonkarton in Weiß
- 2 Wattekugeln, 4 cm Ø
- Holzperle in Natur, 8 mm Ø
- Watte
- Filzrest in Rot
- Seidenpapierrest in Rot
- Bastelfarbe in Hautfarbe
- Filzstift in Gelb
- Eventuell Glitterkleber, z. B. UHU Glitter Glue
- Motivlocher „Stern"
- Angerührter Kleister
- Vaseline

Vorlagen 24, 25
Seite 92

Alle Motive

Die Luftballons aufblasen und mit Vaseline bestreichen. Von der gelben, roten und grünen Wolle mehrere 1 m lange Fäden abschneiden, in den Tapetenkleister tauchen und jeweils einen Luftballon so mit Wolle einer Farbe umwickeln, bis ein gleichmäßiger Ball entsteht. Es sollten zwischendrin noch freie Lücken zu sehen sein. Jeden Ball auf ein Glas stellen und über Nacht trocknen lassen. Wenn die Fäden trocken sind, den Luftballon aufstechen und herausziehen.

Engel

Die Wattekugel in Hautfarbe bemalen. Für die Haare 15 cm lange Stränge gelber Wolle zuschneiden, nebeneinander legen, in der Mitte mit einem Faden zusammenfassen (nicht abschneiden, sondern als Aufhängefaden verwenden) und auf die Wattekugel kleben.
Die Holzperle von einem Erwachsenen mit einer Schere teilen lassen und als Nase ankleben. Augen und Mund aufmalen. Für die Wangen mit einer Schere von einem roten Buntstift Farbpartikel abschaben und mit der Fingerkuppe aufreiben. Den Kopf auf dem Wollball fixieren.
Den Engel mit Sternchen und einer weißen Wollschleife verzieren. Flügel aus Tonkarton gestalten und an die Rückseite kleben.

Nikolaus

Die Wattekugel in Hautfarbe bemalen. Die Mütze nach der Vorlage aus Filz anfertigen, dabei einen Aufhängefaden mit einkleben. Auf die Wattekugel kleben. Bart und Mützenbesatz aus Watte anbringen. Rotes Seidenpapier knüllen und als Nase ins Gesicht kleben. Die Augen mit Filz- und Lackstift aufmalen. Den Kopf auf den Wollball kleben.

Die *Kugel* mit Sternen und Glitter verzieren, Aufhängefaden anknüpfen.

Schneemann

Material

- Luftballon, aufgeblasen ca. 27 cm
- Seidenpapier in Weiß
- Fotokarton in Orange, Schwarz
- Leere Konservendose ohne Deckel, 8 cm Ø
- Keksdose, 19 cm Ø
- Mini-Lichterkette mit 20 Lämpchen
- Rest von Schleifenband, z. B. in Violett
- Bastelfarben in Violett, Schwarz
- Buntstift in Violett
- Angerührter Kleister

Vorlage 26
Seite 93

Achtung

Zum Öffnen der Konservendose einen Sicherheitsdosenöffner verwenden, der keine scharfen Kanten macht.

1 Den Luftballon aufblasen und den Hals verknoten. Das Seidenpapier in kleine Stücke reißen und mit Kleister auf den Luftballon kleben. Fünf bis sechs Schichten auftragen und zwei Tage trocknen lassen.

2 An der glatten runden Seite des Ballons eine kreisförmige Öffnung von etwa 10 cm Durchmesser einschneiden. Den Luftballon zerstechen und herausnehmen. Das wird die Unterseite des Schneemanns.

3 Die unteren zwei Drittel des Ballon violett anmalen und trocknen lassen.

4 Die Konservendose außen mit schwarzer Farbe bemalen und trocknen lassen. Den Hutrand nach der Vorlage aus schwarzem Fotokarton ausschneiden und auf die Dosenöffnung kleben. Den Zylinder mit der Klebepistole oben auf den Ballon kleben.

5 Mit einem Cutter kleine Dreiecke in die violette Ballonfläche schneiden (Erwachsener) und die Lämpchen der Lichterkette von innen nach außen durchstecken.

6 Die Nase des Schneemanns frei oder nach der Vorlage aus orangefarbenem Fotokarton ausschneiden und aufkleben. Mit schwarzem Filzstift die Augen so aufmalen, dass weiße Lichtpunkte zu sehen sind. Brauen und Mund ergänzen. Mit violettem Buntstift einen Wangenpunkt andeuten und mit dem Finger verreiben.

7 Die Keksdose mit schwarzem Fotokarton ummanteln und den Schneemann hineinsetzen. Mit einer Schleife verzieren.

Vorlagen

1

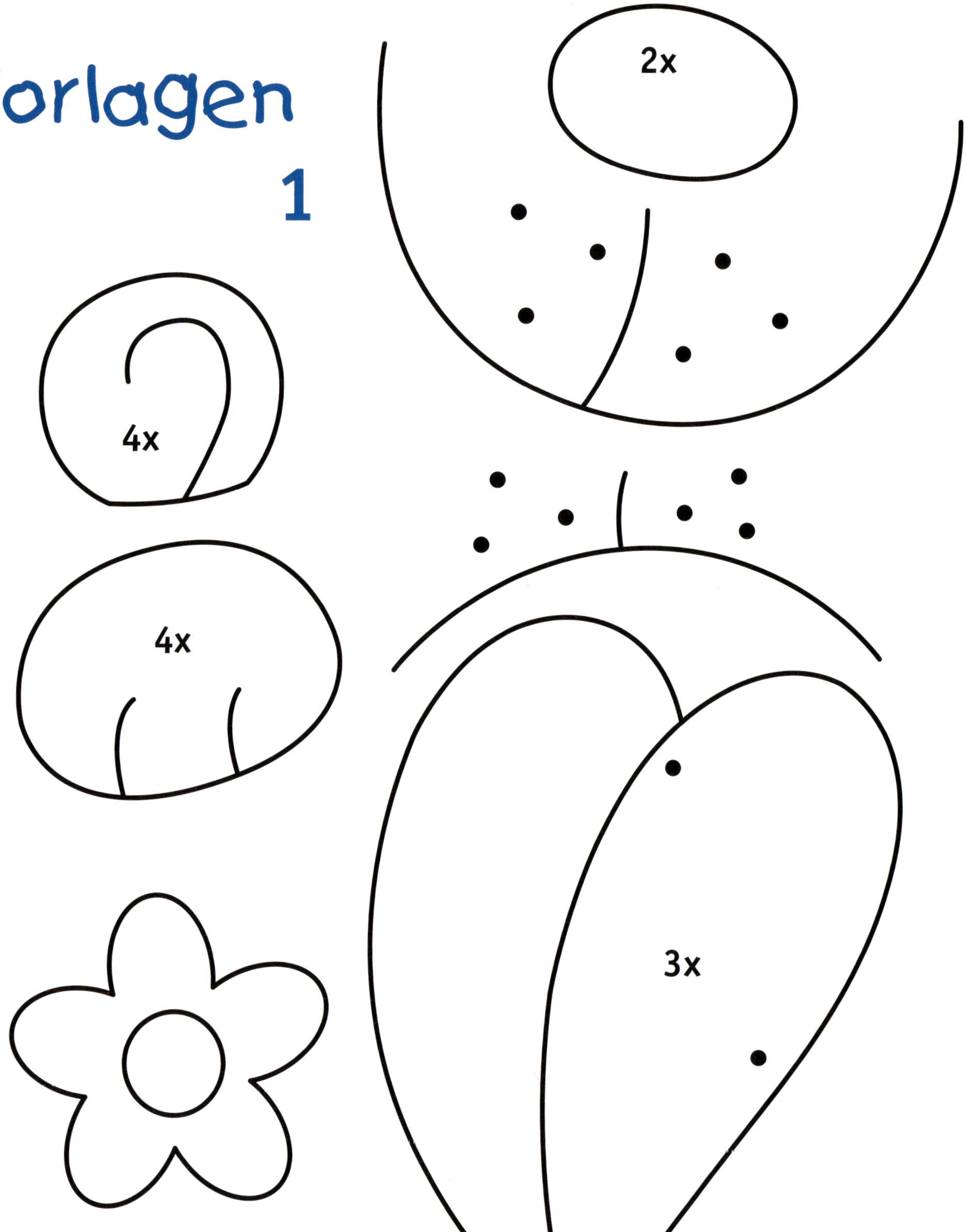

2
Arme
2x
Beine
2x
2x

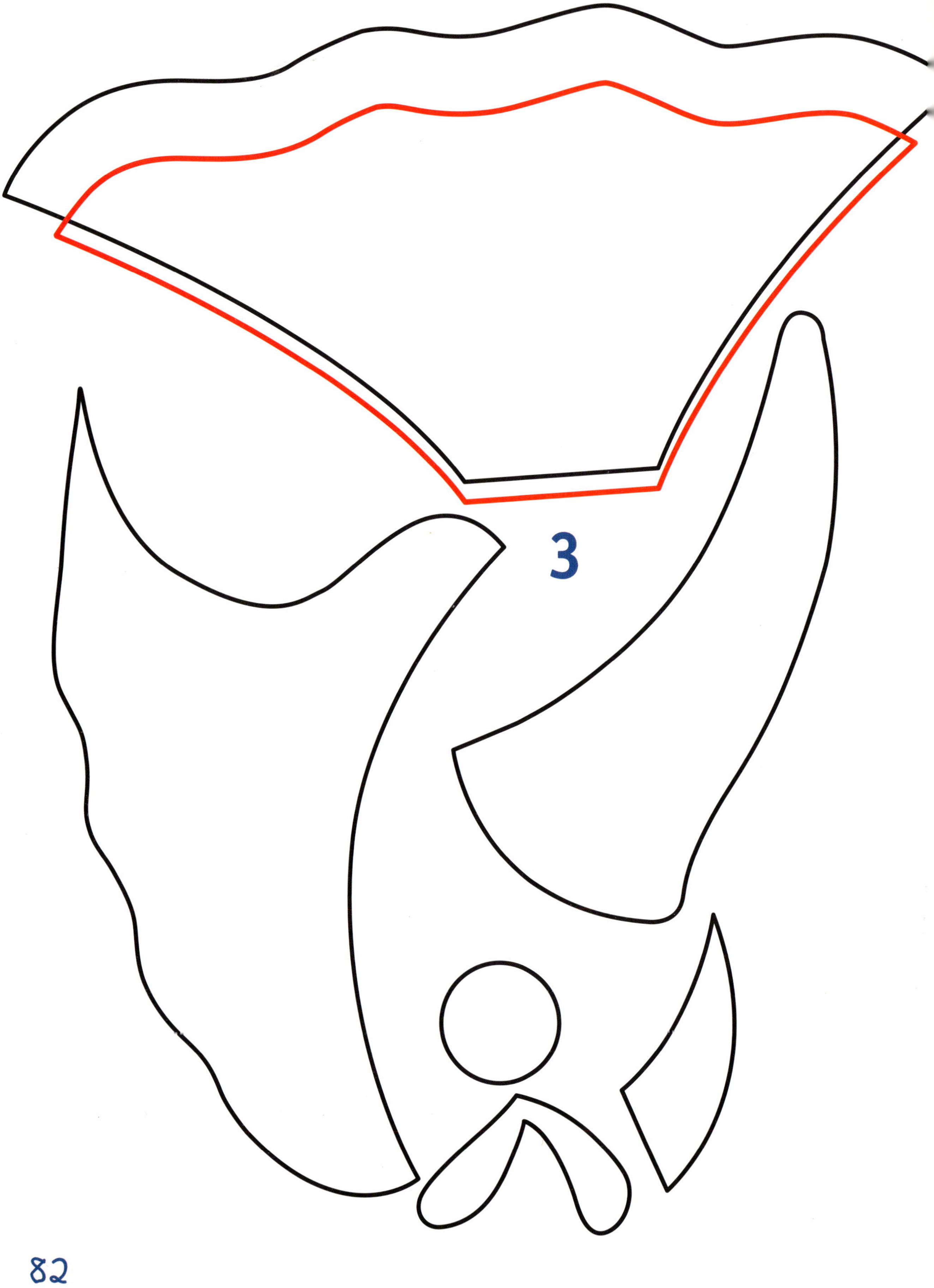

3

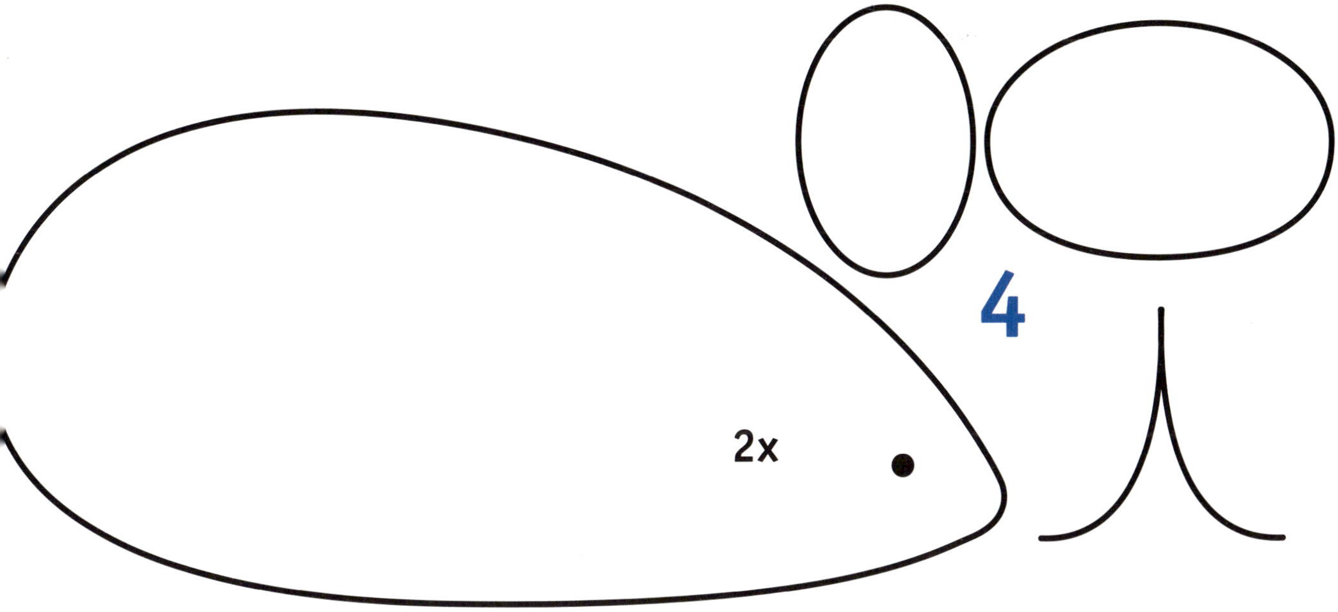

4

5

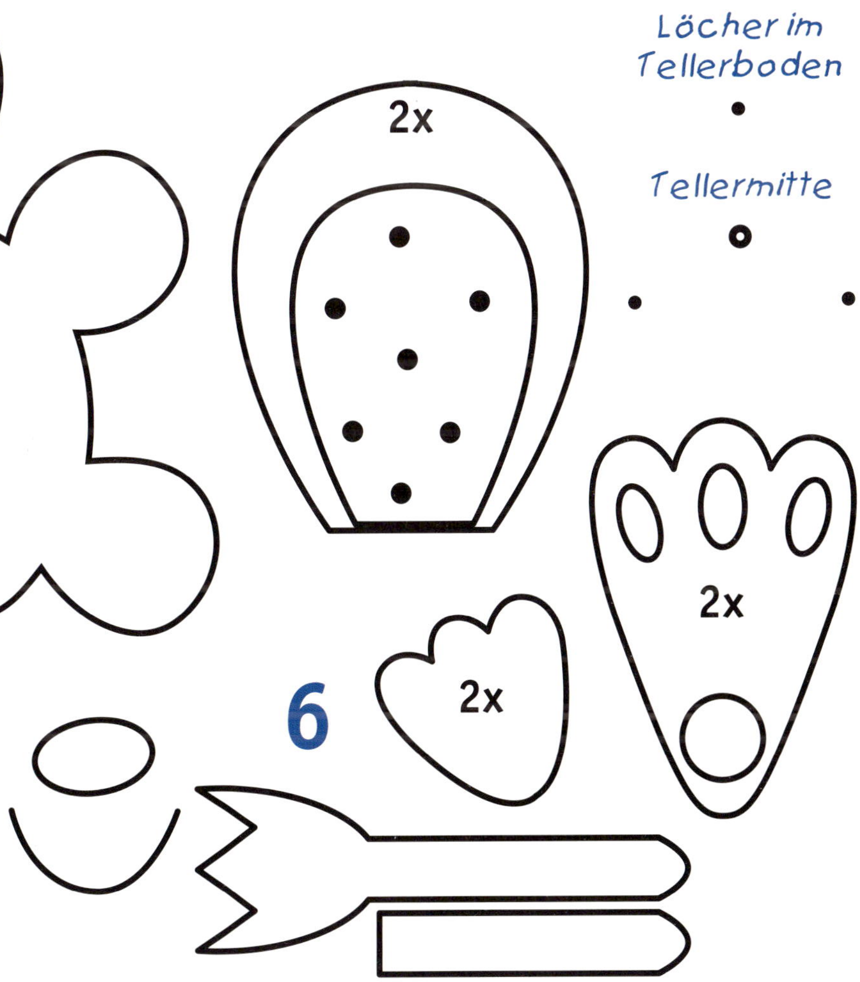

6

Faltsymbole

Talfalte (nach vorn falten)

Pfeil bei Talfalten

Bergfalte (nach hinten falten)

Pfeile bei Bergfalten

Vorhandene Falte

Figur umdrehen

Figur drehen

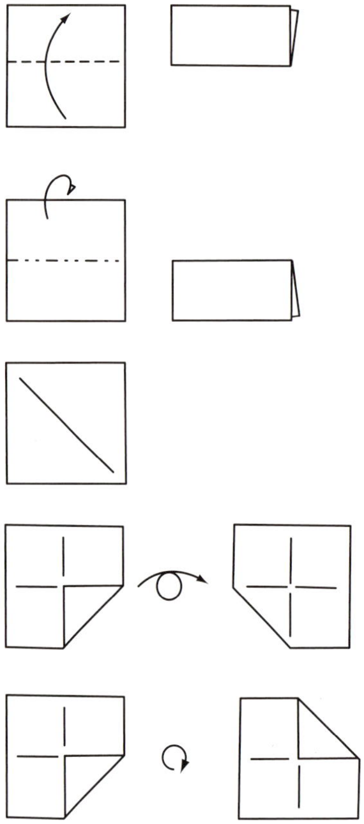

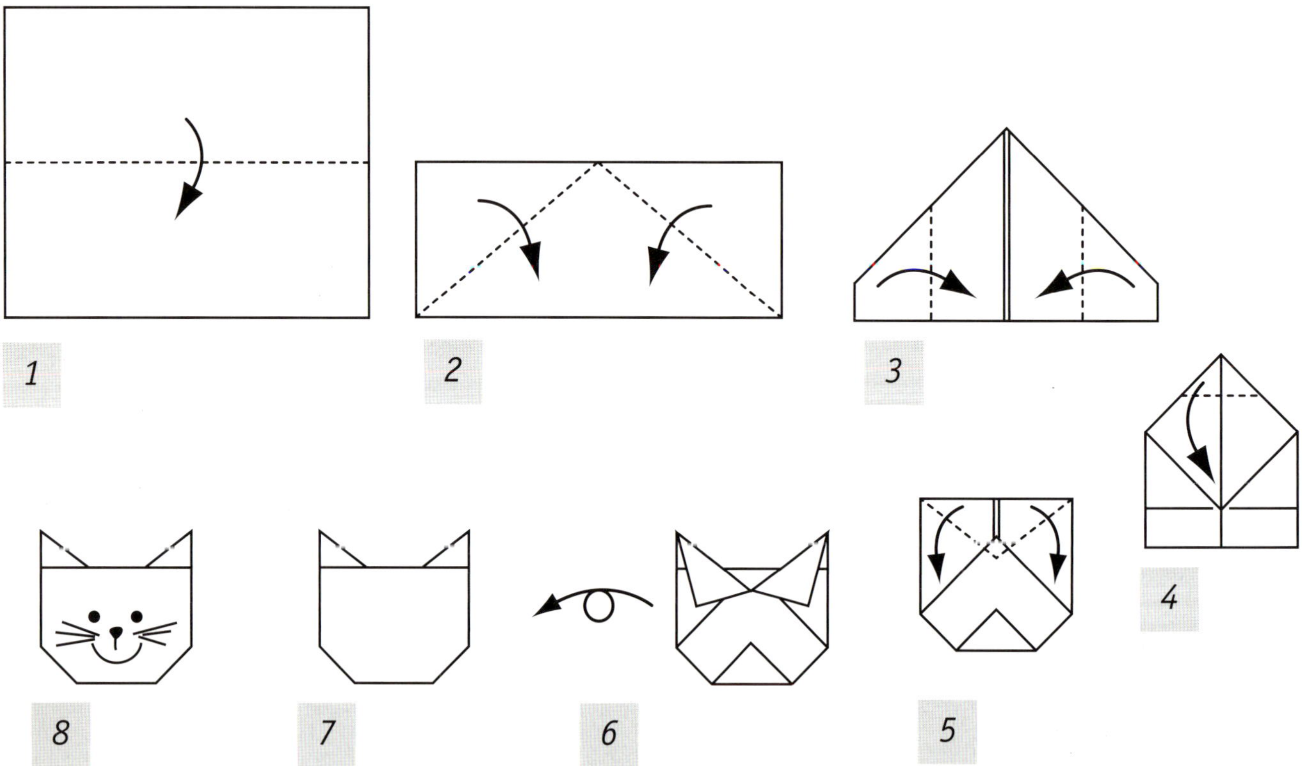

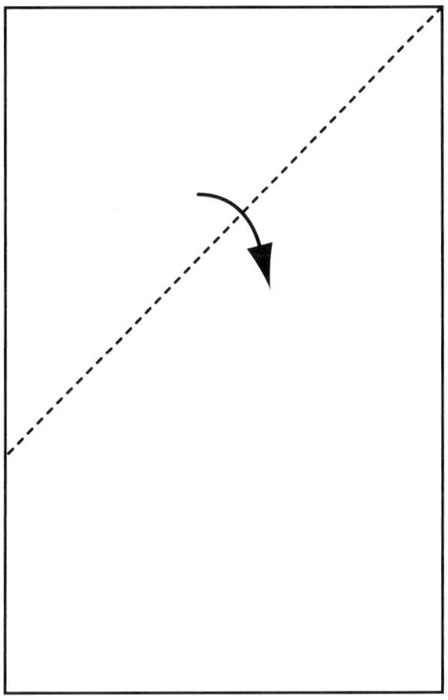

1

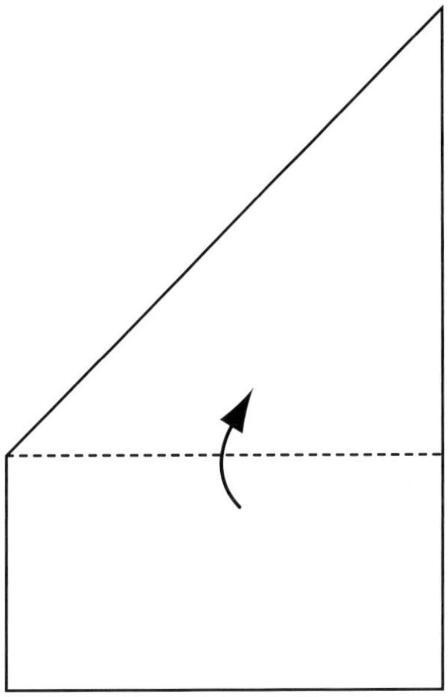

2

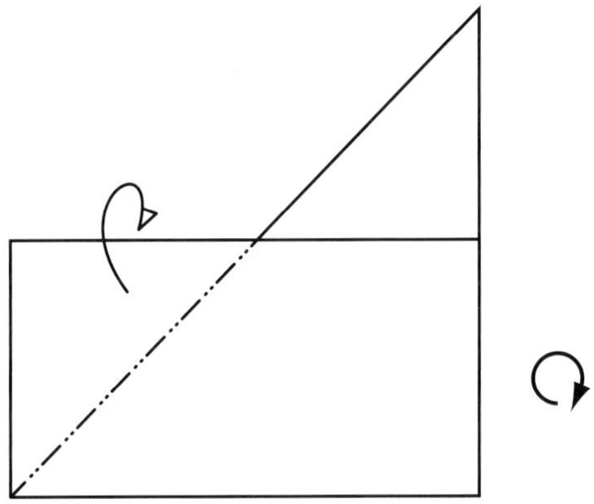

3

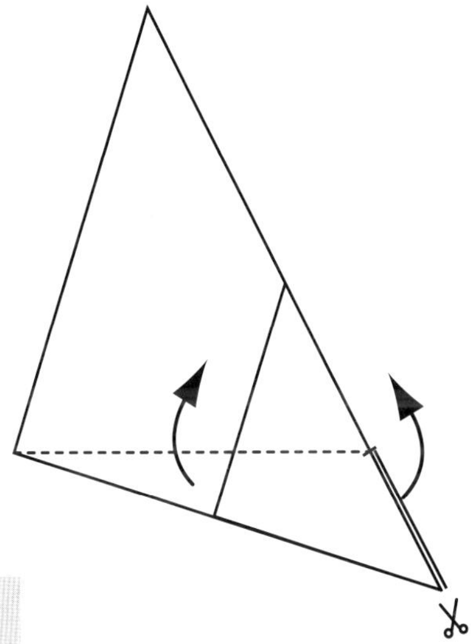

4

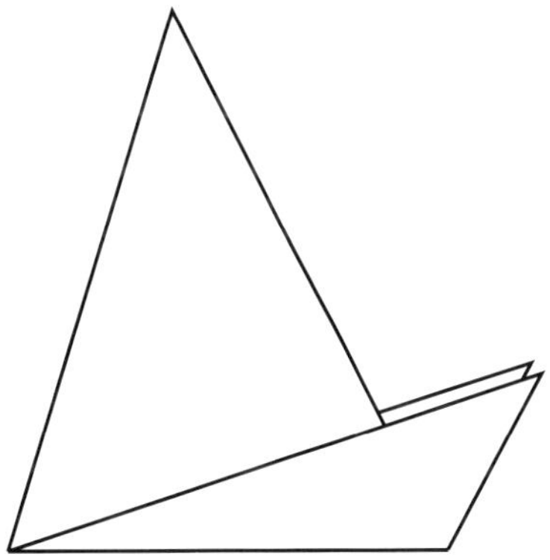

5 Hineingreifen und den Körper auseinander ziehen.

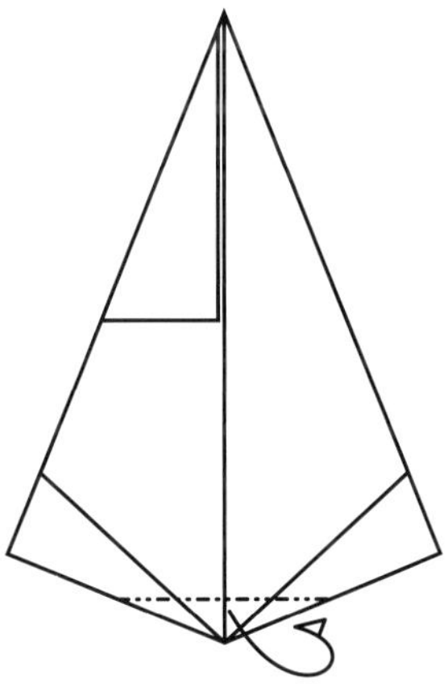

6 Ansicht von vorn.

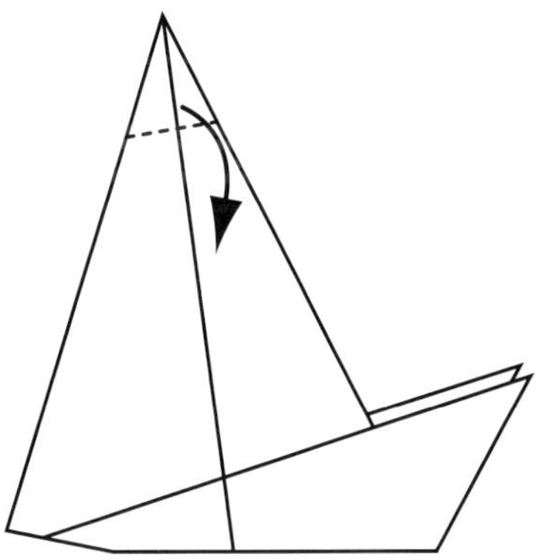

7

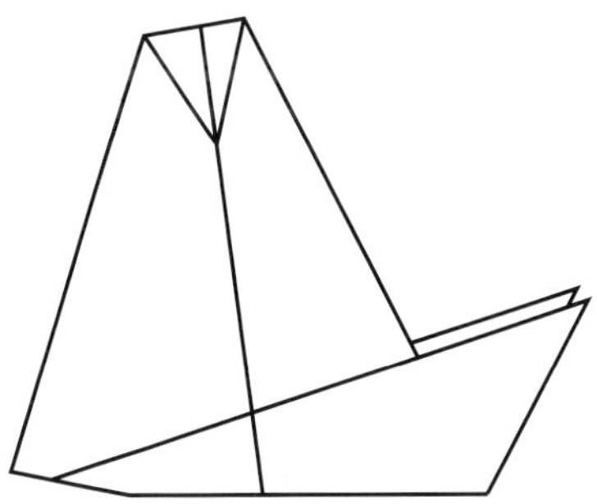

8

9

7

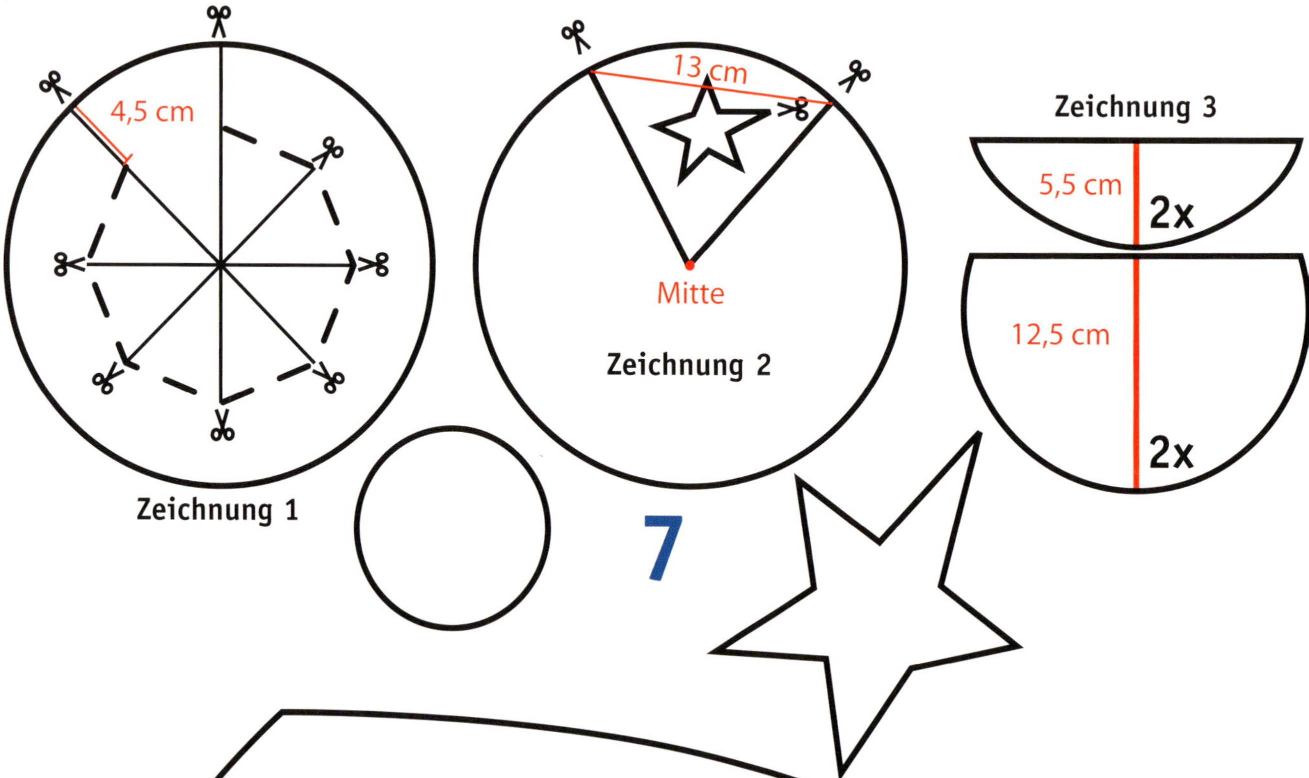
4,5 cm
Zeichnung 1
13 cm
Mitte
Zeichnung 2
Zeichnung 3
5,5 cm
2x
12,5 cm
2x

8

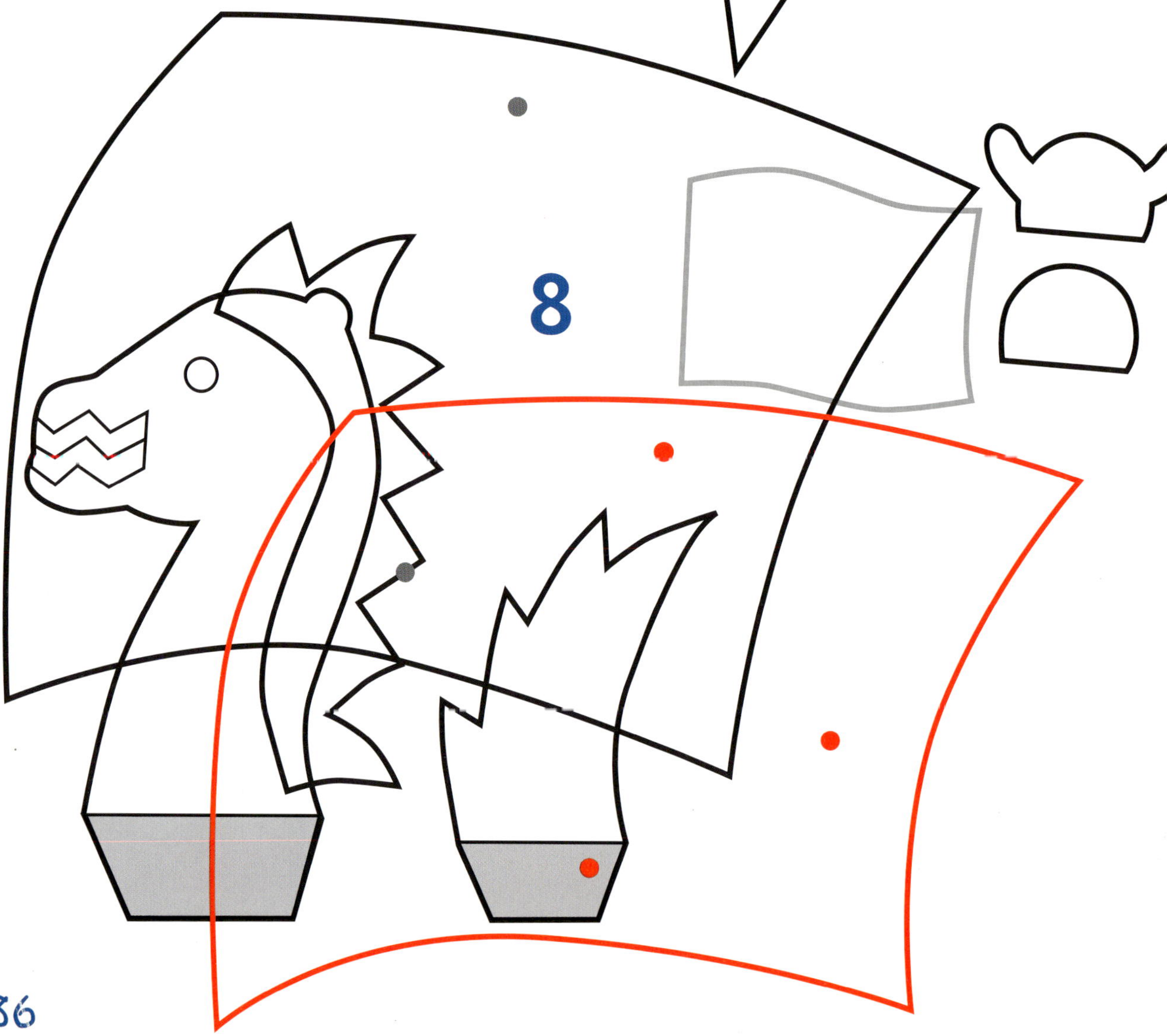

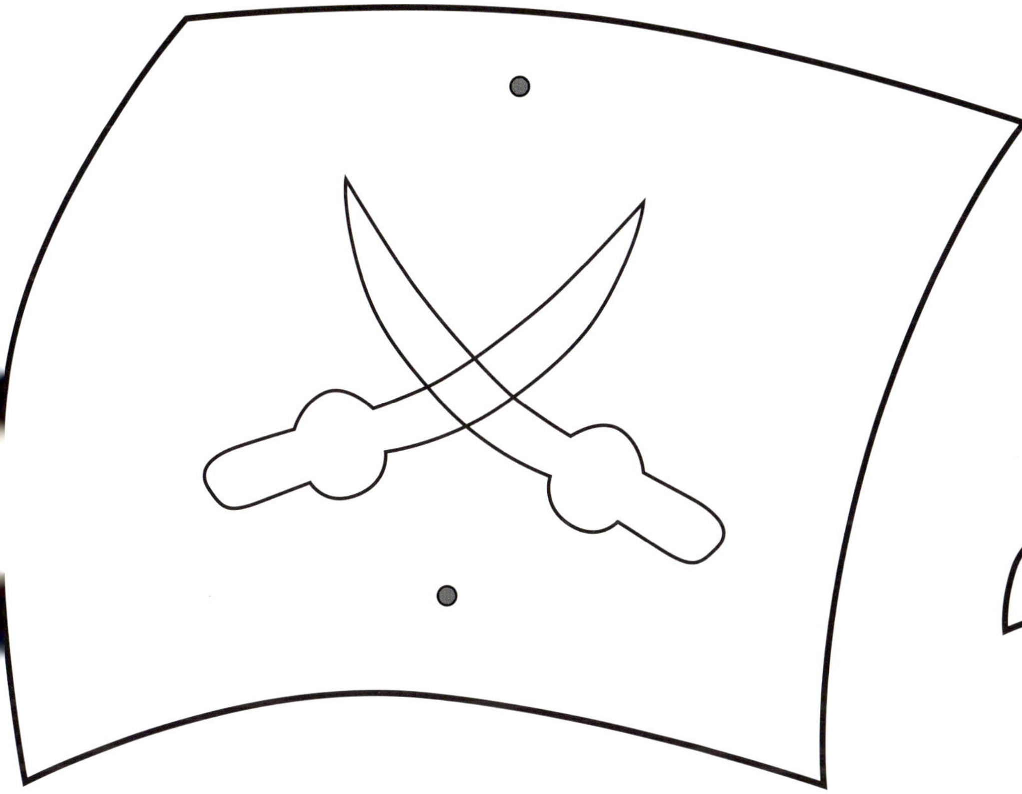

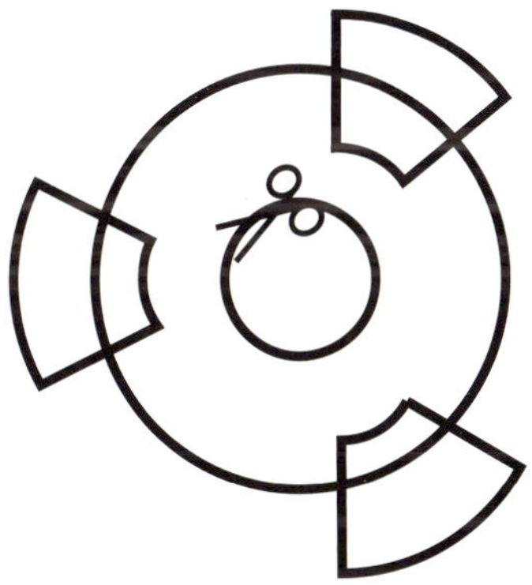

9

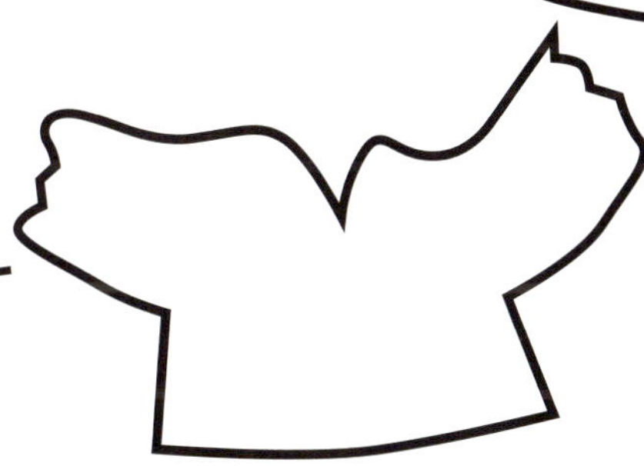

11

10

12
2x
13

14

16

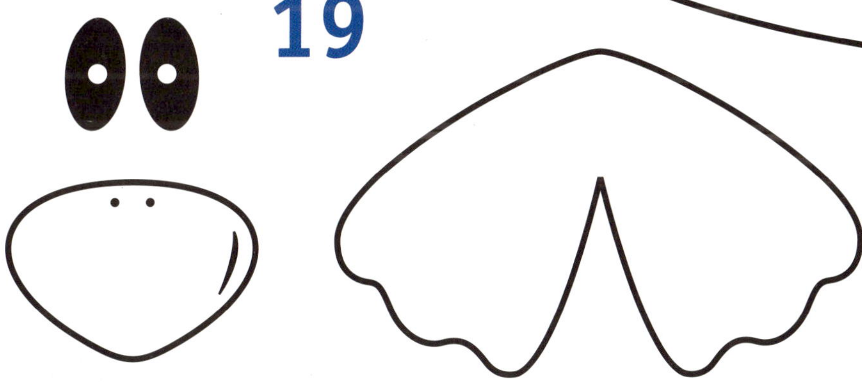

19

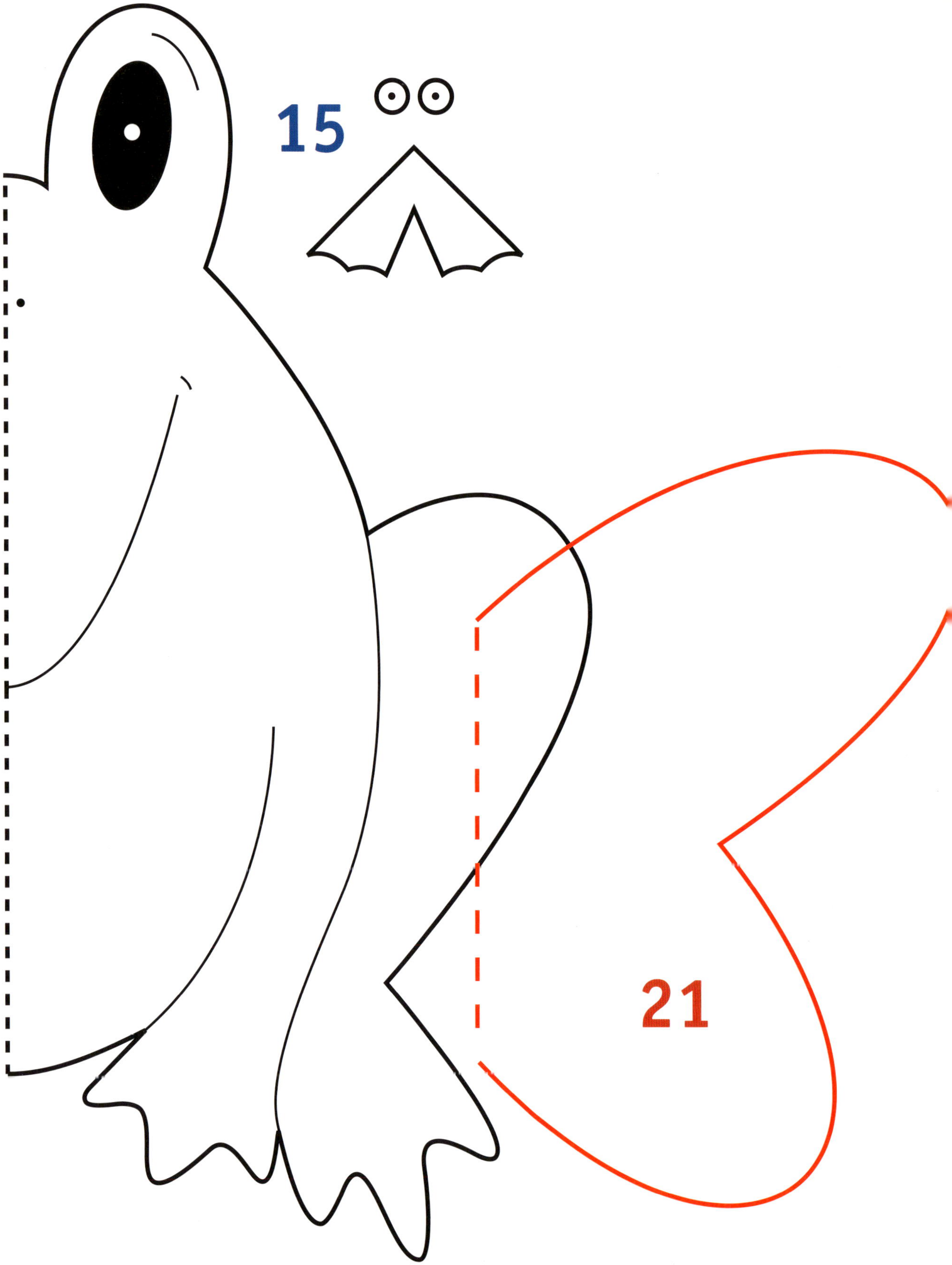
15
21

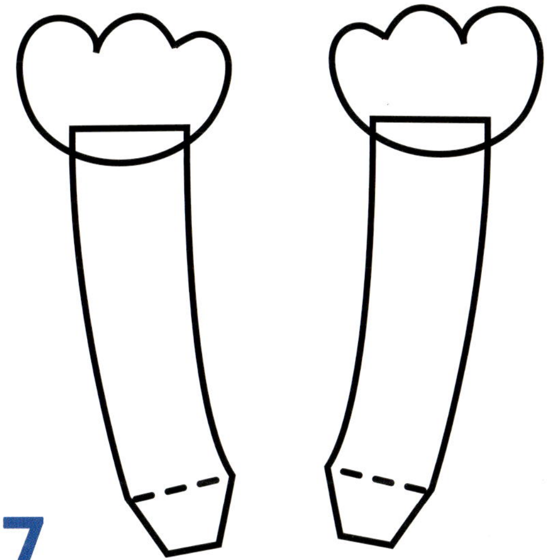

17

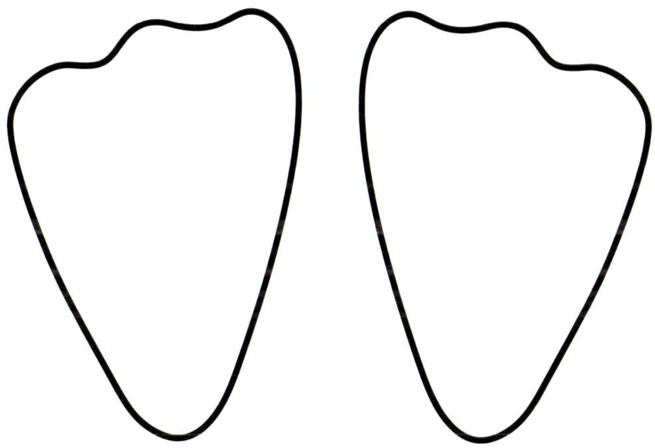

Hexentreppe falten

18

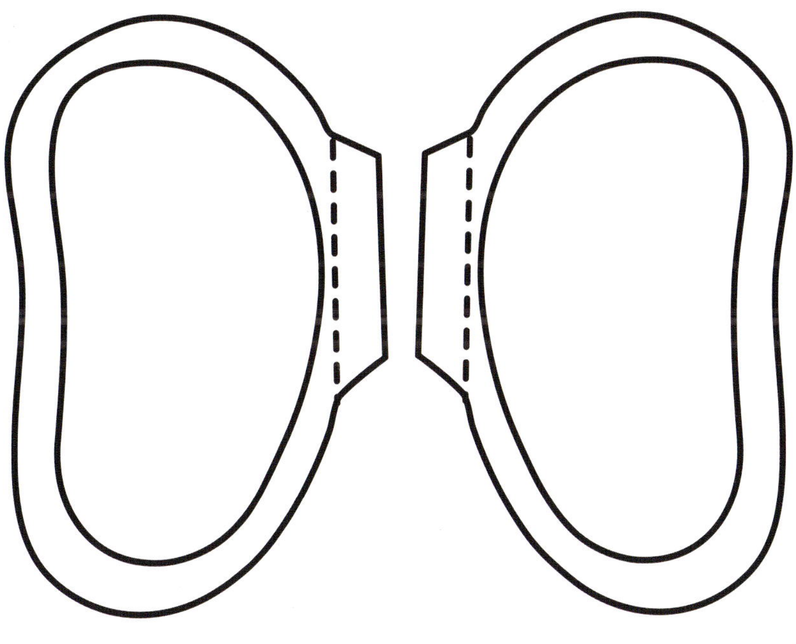

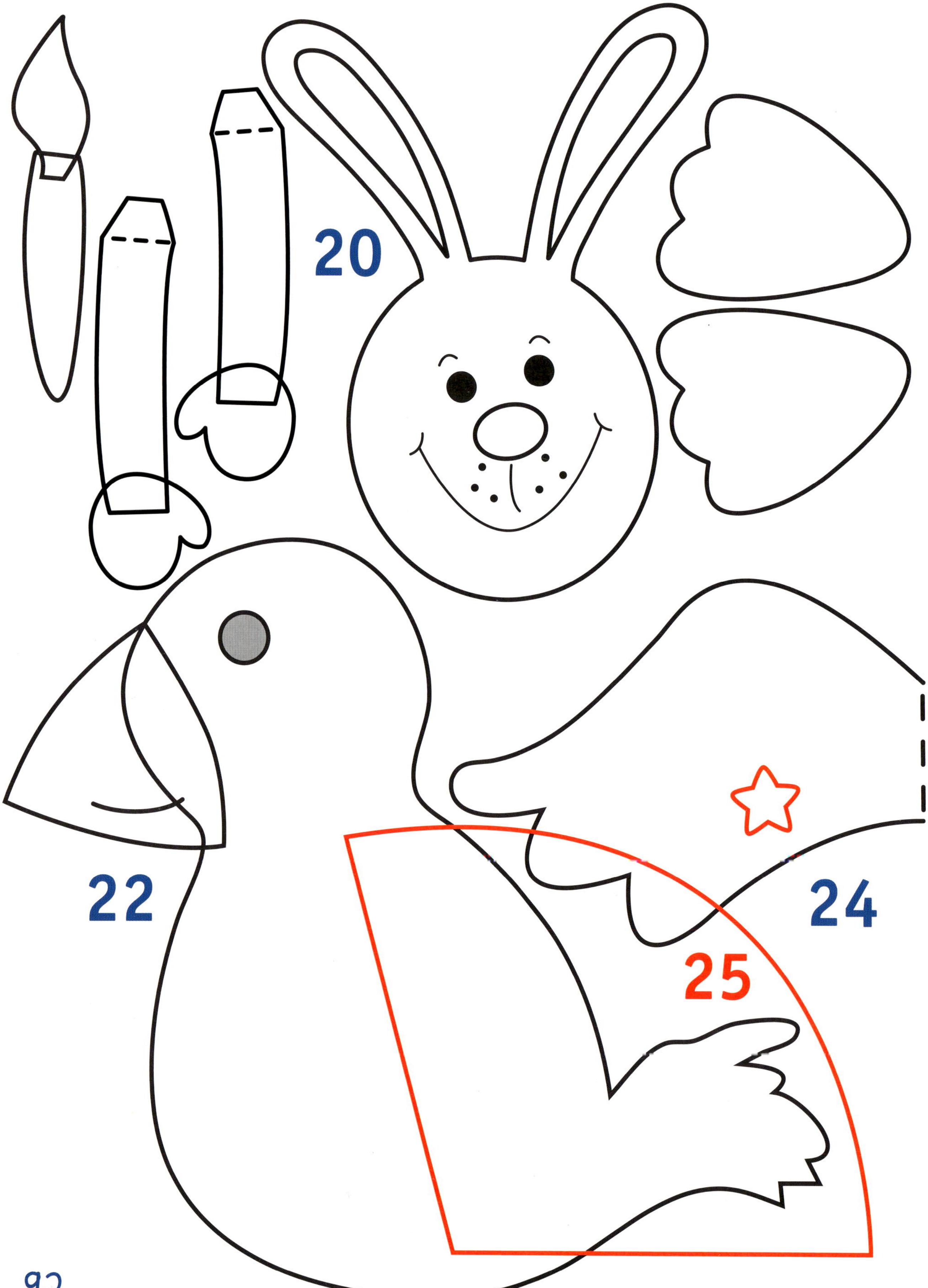
20
22
24
25

23

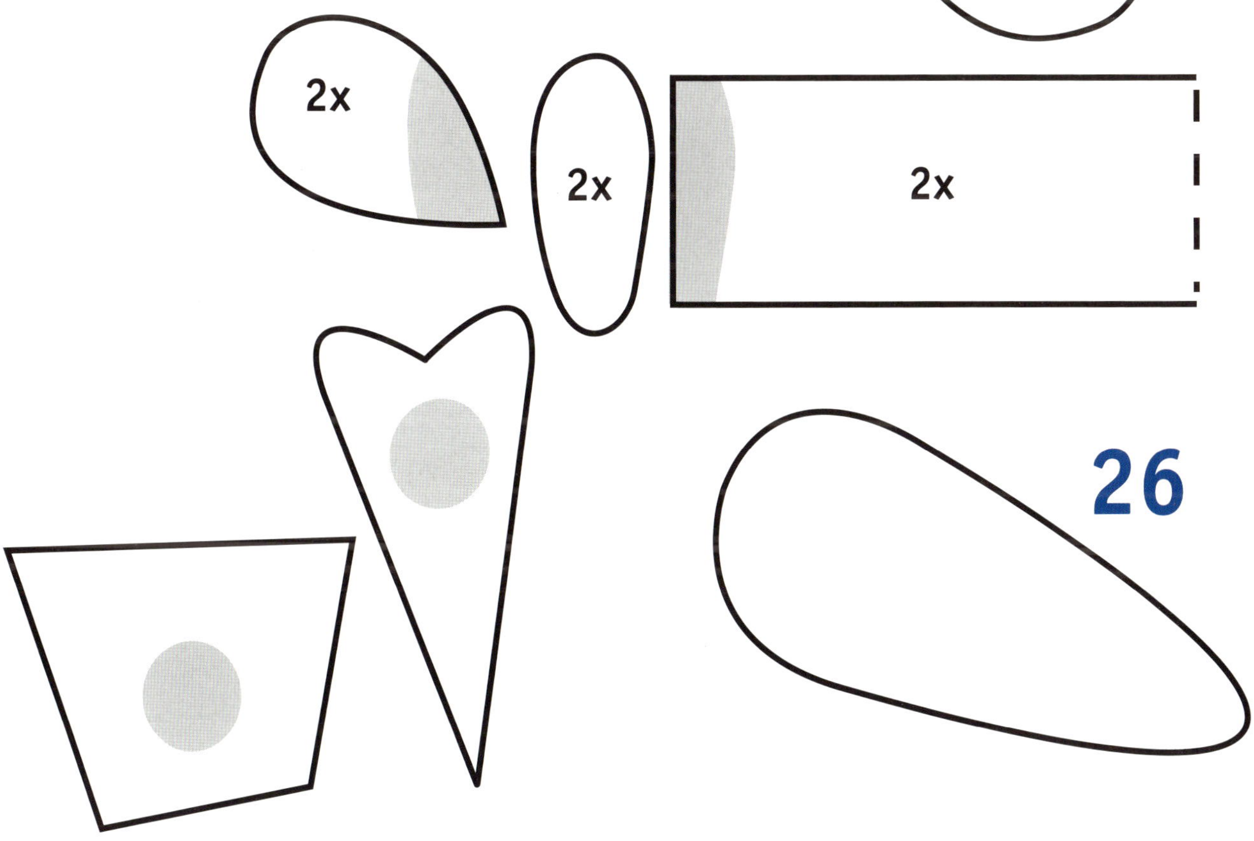

26

Impressum

Autorinnen:

Erika Bock, Seiten 24/25

Laura Blücher, Seiten 16, 38 – 43, 52 – 55, 62/63, 66/67, 72 – 79

Ernestine Fittkau, Seiten 20/21, 28 – 35, 46/47, 50/51, 68/69

Sybille Rogaczewski-Nogai, Seiten 56/57

Halyna Salo, Seiten 70/71

Ingrid Wurst, Seiten 12 – 15, 17 – 19, 22/23, 36/37, 48/49, 58/59, 64/65

Abbildungen:
Christoph Schmotz, Freiburg

© Christophorus
im Verlag Herder
Freiburg im Breisgau 2007
www.christophorus-verlag.de

Printed in Germany
ISBN 978-3-419-53381-9

Lektorat, Gestaltung & Produktion:
Elke Fox, Freiburg

Layoutentwurf: Network!, München

Covergestaltung und -realisierung:
art & weise, Freiburg

Druck: Himmer, Augsburg